臨床心理学入門
CLINICAL PSYCHOLOGY

［著］
スーザン・レウェリン Susan Llewelyn
ケイティ・アフェス−ヴァン・ドーン Katie Aafjes-van Doorn

［編訳］
下山晴彦 Haruhiko Shimoyama

東京大学出版会

Clinical Psychology: A Very Short Introduction, First Edition,
by Susan Llewelyn and Katie Aafjes-van Doorn
First Published in English by Oxford University Press in 2017
All rights reserved.
Copyright © 2017 by Susan Llewelyn and Katie Aafjes-van Doorn
Clinical Psychology: A Very Short Introduction (First Edition) was originally published in English in 2017. This translation is published by arrangement with Oxford University Press. University of Tokyo Press solely responsible for this translation from the original work and Oxford University Press shall have no liability for any errors, omissions or inaccuracies or ambiguities in such translation or for any loses caused by reliance thereon.
Japanese Translation by Haruhiko Shimoyama
University of Tokyo Press, 2019
ISBN978-4-13-012115-6

訳者まえがき

　本書は，世界標準の臨床心理学の最前線をわかりやすく解説したテキストです．"わかりやすい"というのは，臨床心理学の基本が整理され，体系的にまとめられているからです．その点では入門書と言えます．これからの日本のヘルスケアを担っていく公認心理師や公認心理師を目指して学んでいる人にとっては，"臨床心理学の現在と未来"を知る上で恰好の教科書となります．全13回の講義から構成されており，1つ1つの講義を学ぶことで，臨床心理学の全てを段階的に習得できます．まさに公認心理師養成の学部カリキュラム「臨床心理学概論」の好適なテキストとなっています．

　ただ，本書は，単なる入門書ではありません．現場で働く臨床心理職の視点から，実践に必要な知識と技能が体系的に解説されている実践書でもあります．読者は，本書を読むことでヘルスケアの現場で活躍する臨床心理職の活動の実際を体験的に知ることができます．多職種チームのリーダーとして活躍する臨床心理職の姿が，数多くの事例とともに具体的に描かれています．

　さらに，本書は，世界標準の臨床心理学のエッセンスと最新情報が解説された専門書でもあります．しかも，日本人にとって"やさしい"現代臨床心理学の専門書になっています．というのは，本書において，日本人にとっては馴染みやすい"内省的科学者―実践

者"モデルという概念が提案されているからです．

　世界の臨床心理学は，科学者―実践者モデルに基づいて発展してきています．公認心理師も，科学者―実践者モデルを前提に教育カリキュラムが作成されています．しかし，日本人にとっては「心理職が科学者であるというのは，冷たい印象で肌に合わない」と感じられ，科学者―実践者モデルに拒否感をもつことも多くなっていました．

　それに対して本書で示されている"内省的科学者―実践者"モデルは，日本人の感性に馴染む，柔軟なモデルなのです．その内省的科学者―実践者モデルに基づいて，日本の心理職がこれから進むことになる，生物―心理―社会モデルに基づくチーム支援やエビデンスベイスト・プラクティスの実際が具体的に説明されています．

　まさに国家資格となった日本の心理職がこれから進むべき姿がここに描かれています．本書を読むことで多くの日本の心理職は，自らの仕事に自信と希望と，そして誇りを持つことができるようになります．その点で本書は，ぜひベテランの心理職の皆さんに読んでいただきたい専門書でもあります．

　多くの方々が本書を読み，臨床心理学に関心をもち，その発展の方向についての理解を深めてくださることを祈っております．

　　2019年2月　草芽吹く頃に

　　　　　　　　　　　　　　　　　　　　　　下山晴彦

目　　次

訳者まえがき　i

第1講　臨床心理学とは何か …………………………………… 1

1　臨床心理活動の多様性　1
2　臨床心理学の特徴　3
3　本書について　6

第2講　臨床心理職の専門性（1） ……………………………… 9

1　臨床心理職が目指すこと　9
2　臨床心理職が解決を支援する問題　11
3　臨床心理職の基礎教育　13
4　欧米における臨床心理学の発展　18
5　臨床心理学の独自性　20

第3講　臨床心理職の専門性（2） ……………………………… 27

1　専門性の基盤　27
2　職　　責　32
3　クライアントと会う　37

第4講　心理支援を利用する人々（1） ………………………… 43

1　多様なクライアントとの出会い　43
2　幼児期，児童期，思春期　45
3　青年期から成人期の終わりまで　50

第5講　心理支援を利用する人々（2） …………… 63

1　高　齢　者　63
2　知的障害のある人々　67
3　身体的病気や神経的障害を有する人々　71

第6講　臨床心理職の技能 ………………………… 81

1　臨床心理職の技能の種類　81
2　アセスメント　82
3　フォーミュレーション　91
4　介　　入　95
5　評　　価　99
6　研究および調査　100
7　コンサルテーション・スーパービジョン・マネジメント　101

第7講　臨床心理学の理論モデル ………………… 105

1　活動を組み立てるための枠組　105
2　行動論モデル　106
3　認知論モデル　110
4　心理力動論モデル　117
5　システム論モデル　120
6　統合的モデル　122

第8講　臨床心理職として働くために（1） ……… 133

1　臨床心理職という仕事を選ぶ　133
2　臨床心理職資格を得るための教育訓練課程　138
3　大学院課程のテーマ　140
4　試験および登録　144

目　次

第9講　臨床心理職として働くために（2） …………… 147

1　専門的内省の場としてのスーパービジョン　147
2　専門職の内側にある人間的反応　150
3　臨床心理職特有の困難　154
4　セルフケアをすること　157
5　終わりなき臨床心理職の仕事　158

第10講　臨床心理学の最前線（1） ……………………… 161

1　臨床心理職の意見表明　161
2　社会における臨床心理職の役割　163
3　メンタルヘルス問題の要因に関する見解　165
4　心の働きとその影響に関する見解　166
5　変化はどのように生じるかに関する見解　167
6　臨床心理職の支援に関する見解　168

第11講　臨床心理学の最前線（2） ……………………… 171

1　臨床心理職が議論しているテーマ　171
2　内省的であることに関する議論　171
3　科学者であると主張することに関する議論　175
4　科学者―実践者モデルに関する議論　179
5　臨床的有効性の要因に関する議論　184

第12講　発展する臨床心理学（1） ……………………… 191

1　臨床心理学の国際的発展　191
2　臨床心理職の役割の変容　195
3　組織的な活動とリーダーシップ　198
4　さらなる責任を引き受けること――薬の処方　200

第 13 講　発展する臨床心理学（2） ………………………… 205

1　臨床健康心理学の拡がり　205
2　予防と公衆衛生　207
3　研究活動の拡がり　209
4　科学技術の利用　211
5　ソーシャルメディアの利用　215
6　臨床心理学のさらなる発展に向けて　217

訳者あとがき　221
索　　引　223

第1講 臨床心理学とは何か

1 臨床心理活動の多様性

1）臨床心理職の仕事

臨床心理職[1]は，臨床心理学に基づく専門職です．しかし，「臨床心理職の仕事とは何か」をわかりやすく説明することは容易ではありません．たとえば，あなたが，何らかの社会的場面で臨床心理職を紹介されたとしましょう．あなたは，その人に「臨床心理職とはどのような職業なのですか？」と尋ねたとします．その答えを聞いて「わかりにくい職業だな」と感じたとしても，それは責められるものではありません．

私たち臨床心理職は，仕事について尋ねられた場合，「ヘルスケアの領域で働く心理職です」と答えたりします．もう少し詳しく説明してほしいと言われたら，「何らかの生活場面で困難に直面し，苦悩している人々に対して，会話を通して心理的な問題解決の支援をしています」と説明したりします．臨床心理職とは何かについて

---

1) 臨床心理学の専門職．内省的科学者―実践者モデルに基づく心理専門職．大学院修了を前提としている．学部卒でも資格取得できる日本の「公認心理師」より専門性の高い上位資格に相当する．また，内省的科学者―実践者モデルやエビデンスベイスト・アプローチに基づく点で，心理療法モデルに基づく日本の「臨床心理士」とも異なる．

は，このように曖昧な表現にならざるをえないのです．

　それは，現代の臨床心理学の活動が多岐にわたっているために単純な説明では済まないからです．臨床心理職は，非常に幅広い活動をしています．アセスメント，心理療法，研究，教育，マネジメント，研究指導，臨床スーパービジョンなどです．しかも，その内容は，勤務する場所によって異なってきます．勤務の場は，個人開業，病院，ケアホーム，刑務所，精神科クリニック，学術機関など様々です．このように臨床心理職の活動は多種多様なのです．

　それに加えて，一般の人々の中には心理学や心理職に関して誤解をもっている人がいます．たとえば，今でも，「心理学は，マジックのような仕組みを利用して物事を理解する」，あるいは「心理職は人の心を読むことができる」といった憶測をもつ人がいます．そのような誤解が，臨床心理学を説明する際に，さらに事態を複雑にしている面もあります．そのため，臨床心理学については，注意深く説明しなければいけないということになります．

2）臨床心理職の目指すこと

　皆さんは，本書を読むことで臨床心理職が実際にどのような活動をしているのかを知ることができます．臨床心理職は，主として困難に直面し，苦悩を抱えている人々の思考や感情に関わる活動をしています．それは，興味深く，またやりがいもある仕事です．臨床心理職は，人々が経験している，このような苦難な状況に対して，病気の診断や精神障害の症状といったラベル付けをすることよりも，それらの症状がなぜ起こったかということに注目します．そして，問題が起きてきた状況との関連でその人の感情，思考，行動を理解

しようとします.

　私たち臨床心理職が目指すのは，人々が気持ちよく生きる力を回復することの支援です．直面している困難な状況に対して，人々がそれまでとは異なる仕方でその状況を受け止め，受け入れ，対処できるように支援します．自分自身や自分が置かれた状況についての見方を変えることも支援します．そのような支援によって，人々に生きる力を回復できるように手助けする，つまりエンパワーすることが，精神医学とは異なる臨床心理職の仕事の特徴です．

2　臨床心理学の特徴

1）臨床心理学の本質

　臨床心理学の特徴は，心理学の理論や研究から見出された一般的な知見の創造的な臨床活用にあります．つまり，一般的な心理学的知見を，クライアント一人ひとりで異なる，独自の個人的な体験に即して適用し，彼らが直面している問題の解決を図る，その創造性に臨床心理学の本質があるのです．

　さらに心理支援において，クライアント自身の問題理解の仕方を尊重し，彼らの生活している社会的，文化的，経済的状況を考慮した上で，彼らの意思決定を促すという点も，臨床心理学の特徴として強調しておきたいと思います（この特徴は，時として**人間中心主義**（person-centred）[2]と呼ばれます）．

　健康であるための方法は，一人ひとりで異なっています．誰にで

---

[2]　カウンセリングの基本となる理論モデル．クライアントが主体的に，自らの人間的成長を促進することを重視する．

も通用する普遍的な法則といったものは存在しません．どこでも誰にでも通用するといった心理学理論はないのです．したがって，誰に対する心理支援であっても，その人が生活している文化へのきめ細やかな配慮を前提とする実践がなされるように，さらなる努力が必要となっています．

2) 臨床心理学の論点

普遍的法則がないことと関連して，臨床心理学はそもそも科学的に検証された原理や研究に基づくことが可能なのかといった論争があります．あるいは，臨床心理学は，常に科学的に検証された原理や研究に基づくものであろうとすべきなのかといった議論もされています．

また，臨床心理職と医療との結託の問題も意見の分かれるところです．臨床心理職は，精神医学の用語や診断を使用し，医学的な治療システムの中で実践を行うことで，実際には人々が通常経験する苦悩や社会的な不平等の結果までをも医療の対象として取り込んでしまい，それによって人々を欺いてしまっているのではないかという見解があります．

このように臨床心理学にあっては，合意された点だけでなく，意見の分かれる点もあります．本書では，合意された内容だけでなく，議論されている事柄も含めて扱うことにします．それを通して科学技術が飛躍的に発展し，国際化が進むこの世界において，臨床心理学の専門活動の，将来に向けての展望を描くことを試みます．

3) 医学モデルとは異なる

さて，重要語については，専門用語の観点からここで説明を加えておくことが必要となります．臨床心理学においては，多くの身体的／情動的問題の原因に関して医学とは異なる仮説をもっています．それにもかかわらず，ほとんどの臨床心理職は，"患者"の"症状"を"治す"ための"治療"をする保健・医療領域で仕事をしています．このような医学用語は，"狂気"や"気違い"といったラベル付けよりもマシではありますが，それでも多くの問題を含むものです．

たとえば，盲腸の"患者"は，専門家である医師の"治療"を受ける人という位置づけになります．そのため"患者"や"治療"といった医学用語を用いると，「支援を必要とする人々は専門家の施術の従順なる受け手」といったメッセージが含意されることになってしまいます．また，マラリアや脳腫瘍の場合には，"患者"の具合の悪いところは身体や脳内に存在し，まずは薬剤や外科的な方法によって"治療"されるものとなります．そこで，医学用語を用いると，原因は体内や脳内にあり，薬物等の医学的治療で治すものというメッセージが含意されることになります．

こうした理由から，少なからずの臨床心理職は，"患者"の代わりに"クライアント"という言葉を好んで使います．"症状"ではなく，"経験"という言葉を好んで使うこともあります．そうすることで，問題の情動要因，つまり非病理的な要因に注目することになります．本書では，心理支援を受ける人の能動的な側面を強調するために，「クライアント」という言葉を主に用います．しかし，場合によっては，特に身体的な健康状態（例：脳卒中やがん，糖尿

病)への医学的治療との関連で心理的ケアを受けている場合には,医学的な関連用語を使うこともあります.こうした用語の使い分けは,ほとんどがその語が用いられる文脈の問題です.それは,臨床心理職の人間理解のあり方といった本質的な違いを意味するものではありません.

3 本書について

1) 事例提示における秘密保持

臨床心理学は,人間に関わる学問です.そこで本書は,多種多様な事例報告や人々の実生活の心理学的分析を掲載します.ただし,秘密保持が重要であることは言うまでもありません.心理支援の活動において私たち臨床心理職と人生の一部を共有したクライアントの信頼を裏切らないことが何よりも重要です.

そのため,掲載されているすべての事例は,匿名性が守られるよう変更が加えられています.誰であるかを特定できる名前や場所,重要な言葉も修正がなされています.そのような修正はあるものの,すべての事例が現実の人々の心理的体験に基づくものであり,私たちが専門的に行っている仕事の特色をしっかりと伝えるものとなっています.

2) 本書のねらい

臨床心理学に関連しては,すでに多くの良書が出版されています.それにもかかわらず本書を敢えて上梓した理由についても,ここで説明しておく必要があるでしょう.すでに出版されている書籍の多くは,特定のテーマを扱ったものになっていました.たとえば,特

定のクライアント集団（例：児童心理），特定の問題類型（例：自閉症や統合失調症），特定の臨床現場（例：犯罪心理），特定の理論（例：精神分析）といったものでした．そのような書物において臨床心理学は，より広い領域（例：心理学全体）の一分野に位置づけられ，簡単に言及されるだけでした．

それに対して本書は，独立した専門活動として臨床心理学そのものに焦点を当てています．そして，臨床心理職がどのような人々や問題に対して，どのような実践活動をしているのかを，具体的に解説します．

本書は，**自助本**（self-help book）[3]を意図して書かれたものではありません．むしろ，読者が臨床心理職に出会うことがあるとしたら，それはどのような場合や場面であるのかについて書かれています．また，臨床心理職がどのように訓練されているか，どのような技能を持っているのか，そして日々どのような実践活動をしているのかを説明することを目的としたものです．

---

3) 自助に関してや自己啓発について書かれた書物．

第2講 臨床心理職の専門性（1）

1 臨床心理職が目指すこと

「人生に何を求めているか」と尋ねられたなら，私たちの多くが「幸せで健康でありたい」と答えるでしょう．子どもであれば，「家族の中で安心していたい」「学校に行きたい」「友達がほしい」と言ったりもするでしょう．大人であれば，多くの場合，ごく普通のこと，たとえば働きがいのある仕事，パートナーや家族との安定した生活，住む場所，十分なお金といったものを，人生で手に入れたいものとして付け加えるでしょう．これらの事柄は，一見すると簡単に手に入れることができるもののように思えます．

しかし，こうした簡単に思える人生の諸側面の達成が非常に難しくなる場合がしばしば生じるのです．大惨事が起きたり，病気になったり，親友や家族との関係が壊れたり，ひどく落胆する出来事が起きたり，境遇が激変したりするからです．幸せで生きがいのある生活を送ることは，容易なことではありません．病気やトラウマ，喪失体験，仕事や家庭での予期せぬ難問，虐待，孤独，慢性的に困難な経済状況に直面している場合には，とりわけ困難となります．

臨床心理職は，心理的困難や苦悩を抱えて生きている人々，病気を患っている人々，特に精神障害を抱え，メンタルヘルスの問題をもつ人々に，心理支援を提供することを目的としています．クライ

アントの多くは，不安やさみしさ，拒絶感などの不快な感情を体験しており，時に個人的な対人関係に困難を感じています．特にメンタルヘルスの問題を呈していなくても，自分自身についてもっと知りたい，自分の気持ちをもっと深く理解したいという人々の心理支援をする場合もあります．また，従業員を支援するために心理学的知見の活用を求める企業組織で活動する臨床心理職もいます．

臨床心理職の教育訓練は，人間の心に関する深く徹底した理解に基づき，心理的苦しみを軽減し，心の健康を改善することを目的として構成されています．そこでは，感情的／認知的健康の促進と維持に焦点が当てられています．本書では，臨床心理職に相談にきた人々について記載します．彼らは，多種多様な困難を経験しています．そのような困難の解決や改善に向けて，私たち臨床心理職が実践している活動についてわかりやすく解説することが本書の内容となります（Box1 参照）．

Box1 臨床心理職の支援を必要とした，本書記載の事例

ポーリーは13歳の女の子で，食事内容を異常に制限するようになり，体重が激減したことで家族が心配している．スティーヴの人生は徐々に崩壊していった．彼は無職になりメンタルヘルスが悪化し，今では精神医学的治療を繰り返し受けている．ロジャーとその妻はロジャーの脳卒中後の悲惨な将来や，その後の夫婦関係の悪化について思い悩んでいる．15歳のキャシーは自傷をしており，ライアンとジュディは5歳の養子トムとの関係に絶望している．サラは虐待を受けた子どもたちに対して，より効果的に働きかけられるように自らのチームを支援している．ニッキーは個人的な人間関係を改善したいと思っている．

2 臨床心理職が解決を支援する問題

1）メンタルヘルス問題の現状

臨床心理職の支援が役立つ人々の総数を正確に見積るのは難しいと言えます．何世紀にもわたって，人々は，祈禱師や占い師，聖職者，医師などの社会的に認められた癒し人（healer）のもとに自らの問題をもち込んできました．その中で臨床心理職は比較的新しい職種であり，人材が不足しています．そのため，臨床心理学の専門的支援が役立つのにもかかわらず，多くの人々は臨床心理職にアクセスできないでいます．

推定によると，対処可能なメンタルヘルス問題を抱えている人々の4分の3が，ほとんど，あるいは全く支援や治療を受けていないとされます．そして，かかりつけ医の診察を受けに行く人々の半数以上が，実際にはメンタルヘルス問題を主訴としていたり，メンタルヘルス問題を併発していたりするとされています．がんや糖尿病，心臓病などの身体疾患の人々の大半は，何らかの不安や抑うつを体験しています．少なくとも3分の1の人々は，一度は**情緒**[4]的問題を経験しているとされます．また，一生のうちに何らかのメンタルヘルス問題を抱える可能性は，おおよそ50％とされています．

しかし，心の健康は，身体的健康ほど重視されていません．つまり，身体的健康の治療にかけるほどの予算を心の健康維持に費やしていないのです．身体状態の調査ほどに心理的状態の調査に予算が

---

4) emotion の訳．本書では，「情緒」を「外部からの刺激を受けた時に起こる急激で一時的な感情」の意で用いる．

費やされるということもありません．

　メンタルヘルス問題の軽視は，現在生じている感情的苦痛を軽減できないという事態につながるだけではありません．人々の長期な健康状態の悪化につながるという，深刻で重大な問題をはらんでいるのです．たとえば，重篤なメンタルヘルス問題を抱える人々は，そのような問題を抱えていない人よりも15年から20年早く死に至るとされます．

2) 心理支援サービスへの不足と必要性

　若者も，メンタルヘルス問題については十分な支援を受けていません．たとえば，英国の研究によると，5歳から16歳の子どもたちのおよそ10％が心の健康の問題を抱えているのですが，心理支援サービスを十分に利用できているのはごく少数です．予防可能なはずのものであるのにもかかわらず，長期的な心理的問題を抱えざるをえない状況になってしまっているのです．これは不幸なことです．長期にわたってメンタルヘルス問題を抱える人の半数が，10代半ばまでの早期に最初の兆候を経験していました．しかし，私たちはしばしば，これらの問題の初期徴候を発見し，対処することができていないのです．

　人生の終盤にあたる高齢期においても，メンタルヘルスの事態は同様に深刻な問題を示しています．ごく最近になって，高齢者の心理学的ニーズが認識されるようになってきています．しかし，高齢者に特化したサービスの不足は懸念材料となっています．

　何か不調を感じた際には，当然のことながら，どのようなことが起きているのか，なぜそのようなことが起きたのかを調べることが

重要となります.人生における問題の多くは臨床心理職を必要とせず,弁護士や医者,ファイナンシャルアドバイザーや教師から得られる実際的な支援で解決すると言えます.あるいは単純に,お金,製品,教育,情報といった資源を活用することで解決する場合もあります.しかし,そのような支援や資源では問題解決ができないこともあります.

私たちは,行動し,考え,感じる際に,不適切で,混乱した,場合によっては自己破壊的な行為をすることがあります.臨床心理職は,そのような時に問題の内容や原因を探るのを支援します.臨床心理職の仕事の本質が,感情的な不調が生じた場合,関係者と協働してその問題の要因を調べ,問題を受け止め,理解し,苦悩を軽減する方法を積極的に探っていくことにあります.そして人間の定形発達や機能に関する心理学的知見をもち,人が心理的不調に陥った際にはどのようなことが生じるのかについての専門的理解を深めていきます.したがって,臨床心理職が提供する支援は,そのような専門的理解に基づいてなされるものとなります.

3 臨床心理職の基礎教育

1) 心理学の学習

臨床心理職は全員,大学の学部で心理学を学び,学位を取得している必要があります.心理学の学習が臨床実践の基礎となります(これは,医師が診断の仕方や身体疾患の治療法を学ぶ前に,解剖学や生理学,生物化学や遺伝学に関する基礎的な教育を受ける必要があるのと同様です).

広く同意された学部の心理学カリキュラムというものはありませ

ん．しかし，心理学では通常，人間の機能に関する多くの中核的なトピックスに焦点を当てています．その中には以下のようなものが含まれます．それらは，学習や記憶（私たちがどのように情報を処理し貯蔵しているか），認知（どのように考え推論しているか），コミュニケーション（どのように言語を発達させ使っているか），動機付けや感情（どのように感じているか），知覚（私たちが周りの世界をどのように解釈し理解しているか），社会的行動（他者や集団の中でどのようにふるまうか），生物学や生理学，脳科学（身体がどのような影響を与えるか），発達（生まれてから死ぬまでどのように変化するか），パーソナリティ（私たちはそれぞれどのように異なるか）です．これらのトピックスのすべてが，実際の臨床心理職の実践を支えることになります．

2）学部での学習の目的

　学部課程の教育の中で，学生は人間について考え，そして理解を深めていく方法を学ぶことになります．現代心理学においては，人間を「情報処理モデル」で理解することが主流となっています．情報処理モデルでは，人間を知覚し，学習し，翻訳し，情報を処理し，行動し，修正し，意思疎通を図り，意味を生成する生物学的な単位として概念化します．ただし，人間の情報処理プロセスは，社会的コンテキストに強い影響を受けて形成されるものであることも忘れてはならないでしょう．

　臨床心理職は，科学的方法や考え方を活用し，不安を抱える人々を観察し，問題を理解しようとします．その際，その人がどのように考え，どのように行動するのか，なぜそのようにするのかについ

て推論し，仮説を生成します．そして，観察や実験を通してそれらの仮説の検証と修正を行います．単なる憶測や理念的議論に比較して，このように観察可能な事実に基づく実証的プロセスは，臨床心理職の支援において大いに役立つものとなります．

今日，多くの人は，（限界はあるにしろ）心理学を科学の一分野とみなしています．人々がどのように行動するか，人々をどのように支援すべきかについての理解を確かなものにするためには，客観的に調査し，分析する，いわゆる科学的方法を用いることがベストであると考えます．

しかしながら，科学的な心理学とは本来どうあるべきかについては一致した見解はなく，その展望や妥当性を含めて様々な議論がなされています．これらの議論において，人間の本質は，科学者が物を分析するのとは異なり，科学的研究の対象にはならないとの批判も出されています．つまり，使用されている**尺度**（scale）[5]が不十分であるとの批判，研究が量的な尺度に頼りすぎているとの批判，人間の本質は科学的な観察や測定では把握できないとの批判があります．さらに，人間の行動は多様な社会的要因や遺伝子を含む生物的要因に由来するという事実があるのにもかかわらず，心理学は個人の心理に焦点を当てすぎているとの批判もあります．

3）異常心理学

学部カリキュラムにおいて心理的問題やメンタルヘルスをテーマ

---

[5] 心理学研究で使用される尺度は，質問紙において「1（全く当てはまらない）から5（とても当てはまる）の中から最適な数字を選んでください」のように回答を求めるものが一般的である．

とする授業は，通常「異常心理学」という科目名がつけられます．しかし，実際には，心理的問題というのは誰でも経験しうる一般的な事柄です．"異常"と分類される問題の多くは，実際には理解可能な行動や感情から生じるものであり，その点で了解可能な心理的プロセスの結果です．たとえそれらの行動や感情が，他者や周囲の人々にとってわかりにくいものであっても，了解可能なものと言えます．

　たとえば，明確な理由もなく突然，家に引きこもってしまった高齢者がいたとします．一見しただけでは理由がわからず，"異常"な行動とみなされることもあるでしょう．しかし，実はこの行動が，視力の低下と記憶力の衰えのために道に迷うことが不安で外出を控えたものであったことを考慮するならば，それは十分理解可能なものとなります（恥の感覚および認知機能の低下が理由で，そのことを誰にも話していなかったということもありました）．自己評価への不安から人間関係を避ける社交不安は，教科書では"異常"とラベル付けされています．しかし，これも同様に理解可能なものです．というのは，他者からの評価について不安に感じることは，誰でも経験のある，きわめて普遍的な現象だからです．

　強い不安を感じること，誰もいないのに声が聴こえること，幻覚を体験すること，よいことがあるのに悪いことばかり考えて落ち込んでいることは，一般的に異常とされます．実際これらの行動は，教科書で，そして社会全体でも異常とみなされています．しかし，臨床心理職は，これらの行動の多くは，その行動や感情が生じた文脈や経緯が十分に理解されたならば，実際には了解可能であると考えます．

第2講　臨床心理職の専門性（1）

　また，私たちは，しばしば過去において役立った方法を用いて現在の問題に対処しようとします．しかし，その方法は，過去のその時点で必要な方法であったので役立っただけで，現在ではむしろ問題解決には不適切となっている場合があります．臨床心理職は，過去に有効であった方法が現在の問題対処には必ずしも役立たないことを指摘し，それを通していかに人間が過去の経験に囚われているのかを明らかにします．

　たとえば，過去に評価されることへの強い不安をうまく隠し通したことがある生徒を考えてみましょう．現在は，以前の教師とは異なる，思いやりのある教師が新たに担任になっていたとします．しかし，その生徒は，課題ができずに困っていても，その教師に相談することはせずに，隠してしまう方法を選ぶことになるかもしれません．そうすることで，課題ができないことについて話をするという嫌な経験をしないで済みます．つまり，短期的には嫌な経験をする危険を回避し，自分を守ることができます．しかし，より長期的な観点からすると，困難を解決するための建設的な方法を学ぶ機会を逃すことになります．

　臨床心理職は，このような観点から心理支援の実践を行います．問題を抱えているからといってその人を責めることはしません．また，役立たない問題対処パターンを繰り返してもそれを責めることはしません．その代わりに，その人が現在の生活の中で直面している課題に適切に対処できるように，その人や関係者と協働して問題を理解し，それを解決していくことを目指します．

4 欧米における臨床心理学の発展

1) 臨床心理学の現在

　臨床心理学は，世界において情緒的問題を扱う方法として驚くほど急速に発展し，今なお発展の途上にあります．人々は，以前のように，狂気つまり精神病にならなければ臨床心理職に助けを求めることができないと単純に考えることはなくなっています．幸いなことに，情緒的問題に関して心理学的理解を適用することの有効性がますます世間に受け入れられるようになっています．

　かつては，情緒的問題に対しては，投薬治療を受けるか，黙って耐え忍ぶか，社会的無関心や当惑によって社会の片隅に追いやられるかといった選択肢しかありませんでした．しかし，臨床心理学が世間に受け入れられて発展したことで，それ以外の選択肢として，幅広い心理支援の方法が利用できるようになったのです．その結果，最近は，臨床心理職に相談することに関するスティグマは顕著に減少し，多くの人が心理支援を求めるようになっています．

2) 臨床心理学の成立と発展

　臨床心理学は，学問としては**学術心理学**（academic psychology）[6]から派生したものですが，学術心理学と同様に正確には19世紀の後半に欧米で成立しています．その点で臨床心理学は，比較的歴史の浅い専門活動です．"臨床心理職"（clinical psychologist）と

---

6) いわゆる基礎心理学や実験心理学のことで，英国で臨床心理学を志す人は主に大学の学部で習得する．

いう語は，1896年の米国ペンシルベニア大学のウィットマー (Witmer, L.) が最初に用いています．ただし，現在において臨床心理学とされている学問体系の原理が最初に形成されたのは1920年代の初頭でした．

最初に臨床心理という名称が用いられた際には，問題行動を示す児童に対する心理学的活動をする者を指していました．臨床心理学の体系が形成され始めたのは，第一次世界大戦の終戦後に帰還した軍隊の隊員たちに対する臨床実践が契機となっていました．その後，臨床心理職は，大規模な精神病院に入院していた患者のアセスメントや分類に関わるようになりました．この時点での臨床心理職は，入院患者を管理し，医学的な治療を担当する精神科医の検査補助をするだけでした．精神病や"知恵遅れ"とされる人々を選別し，分類することで精神病院に貢献することが主な仕事でした．

しかし，その後に大きな変化が起きました．臨床心理学は，20世紀の半ばまでに，より専門的なアセスメント技法を発展させました．それが主な動因となって臨床心理職は，単なる精神科医の補助職ではなく，独自の権利をもつ専門職となったのです．そして，メンタルヘルス領域において，精神科医とは異なる立場で有意義な貢献をなすようになりました．

3) 英国における臨床心理学の発展

英国では，20世紀の半ばの数十年の間，精神病院で働く臨床心理職は，行動変容の原理を応用した介入の可能性を追求する試みを続けました．これは，様々な心理的問題の解決に有効な行動療法の発展に結実しました（これらのアプローチに関する詳細な解説は第

7講を参照のこと).

　また，脳の構造と機能が解明され，それとの関連でアセスメントができるようになったことは，応用神経心理学の発展につながりました．その結果，臨床心理職は脳損傷や脳障害の人々のアセスメントやリハビリテーションに貢献できるようになりました．

　1960年代の認知心理学の発展によって，多種多様な状況や問題を理解し，改善するために心理学的モデルを活用することが促されました．それは，臨床心理学の発展に向けて非常に大きな影響を与えました．その結果，1970年代後半から2000年までの間に臨床心理職は，様々な理論や技法に基づく心理学的介入を駆使して，人間の生涯発達の各段階におけるメンタルヘルスケアにくまなく関わるようになりました．

　そして，現代の臨床心理職は，多くの領域で完全に独立した専門職として活動するようになっています．そこでは，心理学的研究から得られたエビデンスに基づき，数多くのメンタルヘルス問題のそれぞれに対応した支援技法を提供しています．臨床心理職は，そのような心理支援の実践者としての役割に加えて，研究者やメンタルヘルスサービスの臨床的リーダーとして重要な役割も担っています．

5　臨床心理学の独自性

1）臨床心理職の活動の本質

　臨床心理職の活動の本質は，メンタルヘルスケアを必要とする人々の問題を理解し，アセスメントし，支援を提供するために，核となる一連の理論・技法・コンピテンシー（第6講，第7講参照）を活用することです．活動の対象となるのは，主としてメンタルヘ

ルスケアを求めて来談した人となります．しかし，ケアを求めて来た人だけでなく，心理的問題を抱えながらもケアにアクセスできない人々も対象になります．

ほとんどの臨床心理職は，状況，人間関係，行動パターン（ここには個人の生物学的要因も含まれる場合があります）が複雑に絡み合った事態から問題が生じると考えます．単純に精神的な障害や疾患から問題が生じると考えない点がメンタルヘルス領域で活動する多くの他職種（Box2参照）と異なるところです．

Box2　臨床心理職は他のメンタルヘルス専門職とどのように異なるか

精神科医は，生理学や解剖学，生化学，遺伝学，薬理学に関する詳細な理解をもつ医師である．医学的訓練の後に，メンタルヘルスを専門にすることを選ぶ．おおまかに言うと，精神科医は精神疾患の医学モデルを用いる．つまり，異常な，あるいは苦悩を引き起こす思考や行為や行動は，生物学的に決定付けられた病気の症状に由来すると考える．通常の治療では，注意深く患者の生活管理をしながら投薬や身体的介入を行う．患者は，症状チェックの後に，10分から20分の簡潔なフォローアップ面接を受ける．

心理療法士やカウンセラーは，会話を通して人々が自分自身や対人関係をよりよく理解するのを支援する．状況適応のための個別支援計画を作ったり，問題となる行動や経験を変化させたりすることによってクライアントに対応する心理療法士やカウンセラーもいる．また，クライアントの自己認識の向上を目指し，期限を設けない，長期の対応をすることもある．投薬治療との併用はされず，一般的には学術的なエビデンスや研究をあまり重視しない．心理療法やカウンセリングでは，数週間，あるいは数カ月をかけてクライアントとセラピストの間の専門的信頼関係を構築する．その結果，個人の内面を開きながらも安全な雰囲気の中

でクライアントの問題を深く探ることが可能となる．これらの技法は，精神科医や臨床心理職など，他の専門職も使用するものである．

　精神分析家，精神力動療法家は，フロイトやユングなど，特定の心理療法の理論を用いる心理療法家である．彼らは，発達早期の体験の影響や，それが後の人間関係に与えるインパクトを特に重視する．面接室でのセラピストに対するクライアントの関係のあり方も非常に重視される（第7講参照）．心理療法は，時に期限を設けず，何年も続く場合もある．意識的なものだけでなく無意識にも焦点が当てられる．症状に焦点を当てるのではなく，自己成長や洞察を得ることが目的となる．

　認知行動療法家は，その人が不適応な行動や思考をいかに獲得してきたか理解するために，（多くは実験的な研究に基づく）認知的な枠組を用いる（第7講参照）．セラピストは，研究によって得られたエビデンスに基づいて作成された実践マニュアルに従うこともある．クライアントは，セラピストとの間で協働的関係を構築する．そして，その関係を土台として，それまでとは異なる，新たな考え方や行動の仕方を試し，形成する．その際，次回の面接までに，実生活において新たな考え方や行動の仕方を試してみる「宿題」が出される場合もある．通常は，「今ここ」に焦点が当てられ，気分の落ち込みや不眠症などの特定の症状を軽減することが目指される．多くの臨床心理職は，これらの認知行動療法の技法を自身の実践に組み込んでいる．

　犯罪心理士，教育心理士，学校心理士，産業カウンセラー，スポーツ心理士，健康心理士はすべて，特定の職業領域や特定のクライアント集団に対して，様々な心理学的技法を適用する資格をもつ心理職である．それぞれ，犯罪更生システム，学校や大学，企業，スポーツ，そしてより広範なヘルスケアシステムに関わる人々である．上記の各専門職は，いずれも臨床心理職と多くの類似点を有している．しかし，各分野の専門性は，それぞれの組織とその組織のクライアントのニーズに沿って実践を行うことにある．それぞれの分野で有効な実践を行うために，分野ごとに訓練の形式や内容が異なっている．なお，心理士の支援を要請するのは，クライアント自身ではなく組織である場合が少なからずある．

> 社会福祉士，夫婦療法家，家族療法家のいずれも，様々な社会的問題や対人関係の問題を抱えるクライアントに専門的な援助を提供する．その問題は住宅や福祉から家庭崩壊や離婚，育児まで広範囲となる．そこで用いられる支援モデルは様々である．たとえば，養子縁組やメンタルヘルスサービスに取り組む場合，心理学的介入モデルを用いるセラピストがいる．他方，複雑であるが，実用性の高い社会保障の提供を通してクライアントを支援するセラピストもいる．

私たちが他者に支援を求める時は，生きていく上で何かしら行き詰まっている状況にあると言えます．状況に対処したり適応したりするための，よりよい方法を見つける手助けを必要としているわけです．そのような状況にある人に対して臨床心理職のとる役割は，その人の生活の場で何が起きているのかを探り，以前の行き詰まりでは役立った対処法が今回はなぜ機能しないのかを見出していく支援をすることです．投薬が実際に有効な場合もあります．しかし，これは，臨床心理職が主導して責任を負う事柄ではありません．

2) クライアントの個性と生活に根ざした実践

臨床心理職が用いる介入は，ほとんどの場合，問題を観察し，クライアントと話し合い，問題解決の方法を考えることから構成されます．臨床心理職は，クライアントに今の自分の身の周りで生じている出来事に注目し，面接室の内外で起きている事柄を注意深く観察することを求めます．そして，日々の生活や他者とのやり取りの中で新しい考え方や行動の仕方を試してみることを促します．苦悩を減じ，心地よさを増すためには，家族やケア提供者を含む関係者全員が，問題の解決を目指して協働することが何よりも重要となり

ます.

　臨床心理学の実践の核となるのが，個々のフォーミュレーションと支援計画です．しかも，それらは，研究で効果が見出されている考え方や手法に，可能な限り基づくものとすべきです．つまり，臨床心理実践は，有力な根拠を備えたエビデンスベイスト・プラクティスであることが求められるのです．ただし，臨床心理職は，問題はそれだけで独立して生じるものでないことも強く認識しています．そこでは，それぞれのクライアントが生活しているコンテキストにおいて，様々な要因が関連して問題が生じていることの理解が重要となります．

　たとえば，「気難しい」とラベル付けされる子どもの行動が問題となっている場合を考えてみます．そのような場合には，その子だけを見るよりも，周囲の人々がどのようにその子に反応しているかを見ることで，事態をよく理解できることがしばしばです．親の不仲や離婚が理由で，家族が大きな緊張下にあることもあるでしょう．したがって，臨床心理職の教育訓練で，個人の機能に関する理論を習得するだけでは十分ではありません．社会システムや家族システムに関する理論についてもしっかりと学んでおくことが重要となります．

　要するに，エビデンスベイスト・プラクティスといっても，クライアントそれぞれの個性と，その人独自の生活史を無視して，すべきことの要点のみを記載したマニュアルに従うだけでは適切な支援はできません．臨床心理職は，その人固有の特徴や状況に即してフォーミュレーションと支援計画を形成し，介入することが肝心となります．

第 2 講　臨床心理職の専門性（1）

第 2 講のまとめ

・臨床心理職は，心理的困難や苦悩を抱えて生きている人々，病気を抱えメンタルヘルスの問題ももつ人々に，心理支援を提供することを目的としている．
・臨床心理職は，自分自身についてもっと深く理解したいという人々に心理支援をすることもある．また，従業員を支援するために心理学的知見を利用したいという企業組織に実践を行う場合もある．
・臨床心理職は比較的新しく，人材が不足している．それゆえに心理学の専門知識から得られるものがあるにもかかわらず，多くの人々がそうした専門知識にアクセスできていない．
・臨床心理職は精神科医の科学的なアシスタントとして，大規模な精神病院に入院していた人々のアセスメントや分類に貢献し始め，20 世紀半ば頃までには，より全体的な評価を主に行うことで独自の権利をもつ専門職として一層有意義な貢献をするようになった．20 世紀最後の 25 年ほどの間に，臨床心理職は生涯にわたるメンタルヘルスケアすべてに参与し，様々な理論や療法に基づく心理学的介入を行っている．
・臨床心理学の実践の中心は，個々のフォーミュレーションと支援計画である．それらは可能な限り，研究で効果が見出されている考え方や手法に基づくものである．

第3講 臨床心理職の専門性（2）

1 専門性の基盤

1）内省的科学者―実践者モデル

通常，臨床心理職は，複数の異なる役割を担当するという責任を負います．どのような役割を担うのかは，クライエントのニーズや勤務する職場の特質によって異なります．臨床心理職の役割は，一般的には個人療法のセラピストの役割，特定のクライエント集団に対してサービスを提供する多職種チームメンバーの役割，研究者，指導者，スーパーバイザー，アドバイザー，コンサルタントの役割があります．

臨床心理職がこれら複数の役割を担う際の基盤となる運用手法は，「**科学者―実践者**（scientist‐practitioner）[7]」モデルとされます．ただし，よりよい実践をするためには，科学者―実践者モデルに付け加えることがあります．それは，個々の事例において科学者―実践者モデルの手法がどのように機能しているのかについて内省し，見直しをすることです．内省し，見直す経験から学び，実践を調整

---

[7] 人間行動がどのように維持発展されるかについての科学的探究に関わる科学性と，人間の苦悩を生み出す状況を改善し，問題を解決していく臨床実践に関わる実践性の両者から構成される臨床心理学のモデルを，「科学者―実践者」モデルという．

していくことが重要となります.このような実践のあり方は,「内省的実践者(reflective practitioner)」モデルと呼ばれることがあります.

これらの2つの実践のあり方が統合して「内省的科学者—実践者(reflective scientist-practitioner)」モデルという,かなり複雑ではあるけれども包括的な臨床心理職の概念が生まれました.

2) エビデンスベイスト・アプローチ

次の例は,内省的科学者—実践者としての臨床心理職がどのように活動するかを示すものです.最初に,問題をアセスメントし,なぜ問題が生じたのか,どのように問題が維持されているのかについての仮説を立てます.次にその問題が維持されている悪循環を変える介入をします.そして,介入に伴う変化をモニタリングします.さらに,必要に応じて介入の仕方を修正し,その結果のモニタリングを続け,そのプロセスを繰り返すことになります(Box3は,抑うつ症状を呈する少女に支援を行った例を示します).

Box3 抑うつ症状を呈する女性を支援する臨床心理職

キャシーは抑うつ感を抱く15歳である.腕を切る自傷行為が何度もあり,心理療法を受けるように紹介されてきた.担当の臨床心理職は,最初に問題のアセスメントを行った.キャシーと面接し,どのようなことが起きているのかを聴いた.そして,キャシーの考え方や感情を測定する心理尺度(質問紙)の項目に答えることを依頼した.これらのアセスメントによって,問題がどれだけ深刻で広範囲にわたるかを推測することができた.次に臨床心理職は,キャシーに抑うつ感を抱かせ,自傷

> をさせている要因に関する複数の仮説を立てた．仮説を立てるために，臨床心理職は多くの情報を活用した．その情報とは，若者の抑うつや自傷行為に関する研究知見，そのテーマに関する最新情報，類似の問題をもった若者との自験例の記録，そして最も重要なものは，アセスメントによって明らかになったキャシー特有の体験や考え方であった．次に，臨床心理職はキャシーとこれらの仮説について話し合いをし，可能な支援計画とともにフォーミュレーション（第6講参照）を提示した．
>
> 　心理支援では，キャシーの同意を得て自分の気持ちを表現することを促し，自分自身についてもつネガティブな信念を探ることが行われた．支援が始まって数カ月後の最終段階では，キャシーに心理尺度に再度回答してもらい，事態が改善しているかどうかを評価し，介入が効果的であったかどうかを検討した．それとともに，キャシーに介入をどのように体験し，その効果をどのように感じているのかについて尋ね，フィードバックを得た．

　臨床心理職は，私見，噂，因習に従うのではなく，実証的根拠に基づくエビデンスベイスト・アプローチを用いて実践を進めます．しかし，科学者―実践者であるということは，伝統的な科学的実験のように他者を非人間的にあるいは感情を除外して扱うということを意味するのではありません．実際に心理学的介入が最も効果があるのは，臨床心理職とクライアント間の温かい，信頼し合える，打ち解けた，互いに尊重した人間的関係に基づいて介入が実施される時です．しかも，そこでは，支援を求める人が十分に安全で，個人的な情報を打ち明け，変化を起こすリスクを負えると感じられていることが重要となります．

　したがって，臨床心理職の重要な役割は，安全な場所やクライアントが苦悩を打ち明ける機会を"単純に"提供することです．その

結果,クライアントは普段は避けている気持ちを打ち明けることができるようになるのです.なお,ここで,敢えて"単純に"という語を用いたのは,臨床心理職の実践において,この安全な場所と機会を提供するという役割の重要性が過小評価されていることを懸念し,その点を強調する意図があったからです.

内省的科学者―実践者であることの要点は,評価を行うことにあります.これは,介入がうまくいったかどうかを可能な限り客観的に評価することです.もしうまくいっていないとしたら,1つの可能性として問題に関する仮説が十分正確でなかったということが考えられます.そのため,臨床心理職は,さらなる情報を集めることで,なぜ仮説が正しくなかったかを考え,このことをクライアントと話し合うことになります.例として上掲したキャシーの苦悩(Box3の例参照)は,実は過去の性的虐待といったことが原因で起こっていました.しかし,当初彼女は,そのことを打ち明けられるほど安全であると感じていなかったのです.その点が明らかになることで,以前とは異なる仮説が生成され,その結果,支援計画も修正されることになります.このような情報収集と仮説検証のプロセスは,クライアントの問題が解決するまで繰り返されます.

3) 内省的であること

内省的科学者―実践者であることの"内省的"の部分は,いくつかの意味合いをもっています.クライアントのニーズに合致した特定の支援技法や理論を注意深く選択するだけでは十分でありません.臨床心理職は,クライアントの文化的背景を意識し,その文化に即した対応をする必要があります.このことは,臨床心理職がすべて

第3講　臨床心理職の専門性 (2)

の文化に関するあらゆることを知っていなければならないということではありません．そうではなく，多様なクライアントの文化的信念に開かれた心をもち，敬意ある関心を示す態度が必要であるということです．それによってクライアントの特定の文化的視点と葛藤を起こすのを避けることができます．

　たとえば，死や死別に対する最も適切な反応の仕方については，文化集団で異なります．臨床心理職は，人が亡くなったときに何が起こる"はず"なのかについて的外れな仮説を立てないようにしなければなりません．臨床心理職とは異なる文化圏出身のクライアントが大切な人と死別した際の支援において，この点に留意する必要があります．

　"内省的"と関連するポイントとして，クライアントの語りを一面的に理解しないということがあります．心理的問題には，多くの要因があり，多面的な理解がありうるからです．

　たとえば，問題行動を起こした子どもがいたとします．そのような場合，臨床心理職にとっては，子どもの行動のことで親を"責める"ことも，また子どもを"責める"ことも意味がありません．親，子ども，家族以外の関連要因を含めて何が家族の混乱を引き起こしているのかを，臨床心理職は理解しようとします．そこには，住宅問題，貧困，失業，人種差別の体験といったものも要因として想定されます．実際，このような社会的要因が問題の原因になっている場合もあります．

　しかし，臨床心理職は，厳密な意味で本来"心理的"あるいは"精神的"でない要因を見過ごす傾向があります．概して心理職は，（たとえば弁護士や警察官ほど）事実に関心を払いません．どちら

かと言えば,人々の主観的体験やその人々にとっての"真実"に注目しがちです.つまり,他の人がどう見ているかにかかわらず,その人から見てどのような生き方であるかに関心をもってしまいます.

つまるところ内省的科学者—実践者であることの意義は,自らの活動全体の有効性のモニタリングを意識的に行うことにあります.臨床心理職は,モニタリングにおいて何が役立ち,何が役立たなかったのかを詳細に検討します.その結果,特定の事例の支援やアセスメントの経験で学んだことを将来の類似例に活用することが可能となります.

この他,臨床心理職は,大規模研究に参加することもあります.たとえば,新しい介入技法の効果に関する国家的な検証研究に参加して,介入結果に関するデータを提供するといった活動があります.あるいは地域サービスのある側面に関する情報を系統的に収集する研究に参加することもあります.たとえば,予約通知の言葉遣いが実際に来談する人の割合にどのように影響するのかといった研究です.

いずれの場合でも臨床心理職は,常に内省的科学者としてフィードバックに開かれた態度であろうとします.そして,専門職として絶えず成長する必要性を意識し,さらなる訓練や研究を通してより多くの知識を習得することを試みます.

2 職　責

1) スーパービジョン

すべての臨床心理職にとって,専門職としてクライアントに対して敬意を払い,肯定的な態度を維持することが目標となっています.

そのために，クライアントとの間で適切な専門的関係を築くのに妨げとなる個人的な感情（それがネガティブであろうと過度にポジティブであろうと）について内省する時間を取ることが重要となります．こうした内省を助けるために，臨床心理職は定期的に**スーパービジョン**[8]を受けます．スーパービジョンとは，すぐれた人から何をすべきかを教示されるというものではありません．尊敬できる経験豊富な同僚と，困難な局面やジレンマについて語り合う機会と言えるものです．スーパーバイザーが心がけるのは，実践場面で生じる困難な局面やジレンマについて，スーパーバイジーである臨床心理職と協力して探求できる，安全な場所を提供することです．

2) 倫　　理

専門職として登録されているすべての臨床心理職は，登録機関の倫理綱領に従うことになります．英国では，ヘルスケア専門職評議会（the Health and Care Professions Council）という機関があります．この機関は，"臨床心理職"という名称使用を管轄しており，登録者に常に登録更新をすることを求めます．米国では，米国心理学会（the American Psychological Association）が同様の機関となっています．各州の心理学委員会（Board of Psychology）が，登録者に実践に必要な免許を発行するとともに，該当領域の最新知見について継続研修を受けることを求めています．倫理綱領については，英国心理学協会（the British Psychological Society：BPS）のような

---

8) 実践者（スーパーバイジー）が指導者（スーパーバイザー）から助言を受ける過程．指導者と実践者が面接を行って，継続的に助言を受け，専門的スキルを向上させることが目的．

専門学会と協力して，所属メンバーの高い倫理基準の維持を促進し，クライアントの保護が適切になされるような社会的仕組みが組織化されています．

たとえば，英国心理学協会の"行動と倫理の規範（Code of Conduct and Ethic)"によると，臨床心理職は，年齢や性別，職業，性的志向，肌の色などにかかわらず，すべての人を平等に扱わなければなりません．専門職としての臨床心理職の責任は，クライアント独自の価値観や選好性に沿って，（可能な限り）クライアントの自律性を尊重することです．言い換えるならば，支援として何を行うかは，臨床心理職ではなく，クライアントのニーズ，選択，価値観を基準として決めるということになります．

臨床心理職は，クライアントとの間で形成する密接な信頼関係を，自らの個人的満足や，合意されている専門的報酬以上の金銭を得るといったことのために悪用してはなりません．クライアントに自分の見方を押しつけないことも重要です．見方の押しつけが，それとわかりにくい微妙な形でなされることもあるので注意しなくてはいけません．たとえば，臨床心理職自身が宗教的な信念を全くもっていない場合，あるいはクライアントとは異なる教会の一員である場合であるとしても，他者の宗教的な信念を尊重するべきです．ただし，だからといって，自身の良心や道徳心に反して行動する必要はありません（Box4 参照）．

> Box4　倫理的なジレンマに直面する臨床心理職
>
> マイクは，著者たちの同僚の臨床心理職である．彼は，ビルという男

性の心理療法を担当することになった．ビルは，職場で特定の課題に取り組もうとすると急性の不安状態に陥るという症状で苦しんでいた．ビルは，その課題に取り組むために自宅を出ようとするたびに，動けないほどの動悸とパニック発作に襲われると語り，不安をコントロールするための心理援助を求めた．これは，まさしく臨床心理職が支援可能な種類の問題であった．臨床心理職に心理支援を求めるのは，理に適ったことと思われた．マイクは介入計画を立てるために，仕事の詳細についてビルに尋ねた．その結果，ビルは家宅侵入の泥棒集団の一員であり，家を壊して侵入する前に不安を感じていたことが明らかとなった．マイクは，倫理的観点から，窃盗前の不安に対する心理学的介入の実施は断るのが妥当であると判断したと著者たちに語った．

3) 他職種との連携・協働

臨床心理職の中には，完全に独立し，自身でクライアント名簿を管理して実践活動をする場合もあります（たとえば，個人開業の心理職など）．しかし，大多数の臨床心理職は，他の専門職と緊密に連携するヘルスケア組織で活動しています．他の専門職とは，精神科医や神経学者，作業療法士，リハビリを担当するセラピストや社会福祉士，心理療法士，精神科の看護師などです．他職種と連携して組織で働くことに関連して留意すべきことは，次の3点です．

第1に，臨床心理学とは異なる教育訓練を受けた職種の専門職と，同僚として緊密な協働をする必要があります．他職種の人々は，クライアントに実践を行う最善の方法として，臨床心理職とは大きく異なる見方や仮説を学び，用いてきています．そのような他職種と協働するためには，柔軟性，適切な対人関係スキル，チームワークの重要性の理解，複数の見方がしばしば共存するという認識を備え

ていることが求められます．

　第2に，臨床心理学を学び，実践できる臨床心理職は比較的少ないため，臨床心理職は他のスタッフを媒介として実践を進める必要があるということです．すなわち，自分自身が心理学的介入を行うのではなく，他職種による心理学的介入のサポートをするということです．これは時に，"間接的実践"と呼ばれる活動です．

　たとえば，精神科の入院病棟で働く臨床心理職は，(患者の退院に向けての支援計画の一環として)，混乱を抱えている患者が定期的に服薬するためのプログラムを作成し，服薬指導をする病棟スタッフをサポートします．ただし，実際にその計画を実行するのは，医師や看護師です．また，里親制度を申し出た家族の支援チームで働く臨床心理職の場合では，チームメンバーが家族で起きている事柄をより明確に理解できるようにサポートすることを通して，問題に直面している家族への最も有効な支援を間接的に実践する役割を担います．その際，家族や子どもへの関わり方が難しいと感じているスタッフのサポートをすることになります．

　あるいは，入居者が抑うつ的であったり引きこもり気味であったりする高齢者のケアホームに勤務する臨床心理職の場合は，心理支援の環境を整えるサポートを担うこともあります．たとえば，談話室の椅子が入居者の談話に適さない配置になっていれば，看護師をサポートし，少人数で話しやすいように椅子を並び変えることもできるでしょう．そうすることで，入居者は仲間と話をしてみようという気になります．このように臨床心理職は，個々のクライアントに直接介入するだけでなく，スタッフの行動や発想を変えることで高齢者の幸福感を効果的に高めることができるのです．

第3に，組織で働くことは，（その組織が大きくても小さくても），それがどのように運営されているのかに関心をもつことを意味しています．組織に所属することで，会議への出席や関連書類の確認等などの行政的な仕事に関わることが義務となります．それは，臨床活動そのものではありませんが，組織作りに参加し，組織の変革に関わる機会を得ることにもなります．たとえば，多くの臨床心理職は，組織運営に関わることで，運営のスキルやリーダーシップの能力を習得します．その結果，その組織における心理的ケアの活動を向上させることができるようになります．中には組織において管理的立場につき，指導的な役割を担う臨床心理職もいます．そのような臨床心理職は，組織全体の運営のあり方に大きな影響を与えることになります．たとえば，病院で臨床心理職が指導的役割を担った場合，より患者の視点を考慮したサービスをどのように展開するのかが重要なテーマとなるということもあるでしょう．

3　クライアントと会う

1）クライアントと会う場

　ごく簡単に言うと，臨床心理職はクライアントに最も適するあらゆる場所で実践を行っています．たとえば，緊急入院後に心理的ケアを必要とする患者がいたとします．そのような場合，慌ただしい入院病棟やホスピスのベッドサイドで患者の心理支援を実施するということになります．あるいは，ケアホームや居住型施設における活動の場合，施設内でスタッフチームのメンバーとクライアントが話し合える場所を見つけ，そこに臨床心理職も参加して面談をするということもあります．さらには，クライアントの自宅を訪問する

臨床心理職もいます．

　たいていのクライアントは，デイサービスや外来の相談室に来談し，内密な事柄を語ることができる面接室で面接をすることになります．子どもや若者に実践を行う臨床心理職は，玩具や絵が置かれた居心地のよい部屋や遊び場を使用します．家族とは，家族面接用の部屋で面接することになります．家族面接室は，複数の臨床心理職が協力して家族に介入することを可能にするマジックミラーが備え付けられている場合もあります．

　病院，学校，地域センター，福祉施設では，集団面接が行われることがあります．あるいは，クライアントが生活している場へのアウトリーチを実践に組み込んでいる臨床心理職もいます．そのような場合，クライアントが居心地よいと感じる場所，たとえばカフェや公園のベンチで話をすることもあります．そうすることで，不安が強いためにメンタルヘルスの専門職のところに来談ができない若者と会うことが可能となります．なお，個人開業で仕事をしている臨床心理職は通常，自身の面接室でクライアントと会います．面接室は，個人開業クリニックの一部であったり，他の個人開業の臨床心理職と共有するオフィスの中にあったりします．近年では，クライアントが臨床心理職のもとを訪ねて直接会って話ができない場合には，電話やスカイプで面接をするということも一般的な実践になってきています（第13講参照）．

2）クライアントと出会う経緯

　心理支援を必要とする場合，臨床心理職に連絡を取る方法はたくさんあります．臨床心理職が個人開業をしていて，一般の人々に直

接サービスを行っている場合は，そこに電話をして受理面接の予約を取ることになります．個人開業の臨床心理職は通常，広告を出しています．一般に公開されている心理職名簿に詳細な連絡先を載せ，資格や料金，介入アプローチ，活用する理論，専門分野を示しています．ただし，実際に最も有効な広報媒体は，以前に心理支援を受けて役立ったという口コミです．

臨床心理職が地域のクリニックやヘルスケアセンターで活動する場合は，クライアントは通常，医師，看護師，介護士，教師，社会福祉士等の他の専門職から**リファー**（refer）[9]されることになります（中には，臨床心理職が外部の職場で会ったクライアントを自身の職場に移動させる自己リファーを認めている施設もあります）．リファーする人は，クライアントに既に会っているので，紹介状によって，どのような支援が必要かということを紹介先の臨床心理職に示唆することもあります．あるいは，特定の問題への介入を依頼してくることもあります．

臨床心理職が多職種チームの一員である場合には，標準化された包括的サービスの一部を担当しています．たとえば，包括的サービスとしては摂食障害の治療チーム，就学前の子どものアセスメント**ユニット**（unit）[10]，リハビリテーションユニットなどがあります．クライアントは，そのような包括的サービスを利用する中で臨床心理職と出会うことになります．

臨床心理職は，実践活動をする中でセラピスト，研究者，指導者，

---

9) クライアントの問題解決にあたり，自分よりも適切だと思われる他の専門職や専門機関に来談者を紹介すること．
10) ある特定の問題解決のために構成された専門職の組織．

スーパーバイザー,サービスリーダーといった,様々な役割を担うことになります.次講以降では,最初にどのような人々が臨床心理職の提供する心理支援サービスを利用し,自らのために役立てているのかを見ていくことにします.そして,次に臨床心理職が実際に現場でどのような活動をしているのかについて,その要点を解説していきます.

第 3 講　臨床心理職の専門性（2）

第3講のまとめ

・個々の事例において科学者—実践者モデルの手法がどのように機能しているのかについて内省し，見直し，そこから実践を調整していくことが重要である．このような実践のあり方は，「内省的科学者—実践者」モデルと呼ばれることがある．

・「内省的科学者—実践者」としての実践では，まず問題をアセスメントし，なぜ問題が生じたのか，どのように問題が維持されているのかについての仮説を立てる．次にその問題が維持されている悪循環を変える介入をする．そして，介入に伴う変化をモニタリングする．さらに，必要に応じて介入の仕方を修正し，その結果のモニタリングを続け，問題が解決するまでそのプロセスを繰り返すことになる．

・臨床心理職が自らの活動全体の有効性を詳細に検討することで，特定の事例の支援やアセスメントの経験で学んだことを将来の類似例に活用することが可能となる．

・スーパービジョンとは，すぐれた人から何をすべきか教示されるものではなく，尊敬できる経験豊富な同僚と困難やジレンマについて話をする機会である．

・スーパーバイザーが心がけているのは，実践場面で生じる困難な局面やジレンマについて，協力して探求できる安全な場所をスーパーバイジーに提供することである．

・臨床心理職は，異なる見方や仮説を用いてきた他職種たちと緊密に協働することが必要である．それには柔軟性や適切な対人関係スキル，チームワークの重要性の理解，複数の見方がしばしば共存するという認識が求められる．

・臨床心理学の専門家は比較的少ないため，他者が心理学的介入を行うことを援助するというように，しばしば他のスタッフを媒介として実践を行わなければならない．

・組織で実践を行っていると，自分が属する組織の心理的ケアを推進することを可能にするような経営スキルや指導スキルを獲得することができる．

第4講 心理支援を利用する人々（1）

1 多様なクライアントとの出会い

　臨床心理職は，様々な人々に対して心理支援の実践を行っています．本講と次講では，そのいくつかの例を示します．心理支援の対象となるクライアントは，誕生から死に至る全生涯にわたる，あらゆる職業や身分の人々です．人生の発達段階のいずれにいる人も支援の対象となります．子どもや，家族，メンタルヘルスの問題を抱える成人，高齢者，知的障害をもつ人々，身体的健康に問題（障害や慢性疾患など）を抱える人々，そして囚人や軍隊のメンバー，難民など特定のニーズをもつ集団が含まれます．

　心理学的介入から最も効果を得られる人々というのは，おそらく自ら進んで来談し，自分自身の心理的側面について考える準備が整っている人です．そのような人は，自分自身について，あるいは自分の行動，感情，考え方といった事柄についてじっくりと見直したいと思っています．そして，単純に薬物等の医療的措置で問題解決をしようとしたり，自分の問題や疑問がすぐに解決することを望んだりするということもありません．

　心理支援が役立つのは，このようにじっくりと自分の問題に取り組む準備ができている人です．ただし，臨床心理職が対応する人は，決してこのように準備ができている人ばかりではありません．むし

ろ，このようなタイプの人は少ないと言えます．

　人は，乳幼児期から年齢を重ねるに従って身体的に成長し，心理的に変化していきます．そのような成長変化のプロセスにおいて，人は様々な事柄を学習し，発達し，迷いながらも自らの人生を歩むことになります．臨床心理職は，生涯発達の観点からクライアントの経験を理解します．つまり，今起こっていることの少なくとも一部は，以前に起こったことの結果として生じていると理解するのです．また，年齢に応じた定型的発達移行（きょうだいの誕生，転校，一人暮らしの開始，就職（あるいは失業），親になること，定年退職，死別など）は，人々の発達，健康，満足感にとって非常に重要な意味をもつと考えます．

　臨床心理職は，常に話し合いや協働を通して実践を行い，心理支援に向けての活動に積極的に関わることについてクライアントから同意を得ます．ただし，クライアントが幼児であったり，重度認知症や重度知的障害などによって同意する能力が制限されている場合には，同意は，他の人（すなわち家族や介護者）から得ることになります．実践の多くは，直接クライアントに対して行われます．

　しかし，第3講で言及したように，スタッフメンバーや他の援助者に指示を出したり，指導したり，スーパービジョンを行ったりすることで，間接的に介入を行う場合もあります．子どもや高齢者に対する心理支援の多くは，親や家族，介護者といった関係者と協働しながら行われます．このような関係者は，臨床心理職による個別支援に比較して，クライアントの生活場面に即した継続的な変化を起こしやすい立場にいると言えます．

2 幼児期，児童期，思春期

1）各発達段階で起きやすい問題

子ども時代は，心理的な変化が最も大きくなる時期です．そこで身につけた知識，愛着パターン，対処方略はすべて，よくも悪くも生涯にわたって影響を及ぼします．子どもは誰しも親からの分離を経験することになり，そこで人生の最初の苦難に直面することになります．親からの自立はいくつかの段階を経て進むのですが，子どもは必然的にその段階で何らかの問題を経験することになります．ただし，多くの子どもは，その問題に適切に対処し，重大な問題に発展する割合はごく少数です．

重大な問題は，（すべてではないにしろ）ほとんどの場合，養育の途絶，一貫性のない養育，劣悪な養育環境から生じます．もちろん完璧な養育というものはありません．養育過程において何らかの不十分な事柄があるのは仕方がないことです．しかし，そのような不十分というレベルを超えた劣悪な養育というものがあります．そのような場合，子どもは，ネグレクト，情緒的虐待や身体的虐待，トラウマといった非常にネガティブな経験をすることになります．

思春期に相当する10代は，大人への移行期です．移行時期は不安定になりやすいものですが，たいていの若者は移行課題に適切に対処して，親や友人，教師たちと良好な関係を維持します．しかし，そこで問題を抱える若者もいます．そのような場合，社会的変化，発達的変化，経済的変化，身体的変化，ホルモンの変化が結びついて心理的問題を抱えたり，心理的に不安定になったりすることが生じます．

一般的に子どもや若者が示す主要な問題は，行動上の問題，情緒的問題，摂食に関する問題，精神病，身体障害／発達障害です．彼らは，このような問題のために臨床心理職に支援を求めたり，リファーされたりすることになります．

2）主要な問題

　行動上の問題には，睡眠障害，非常に反抗的であること，行動コントロールの困難が含まれます．後者2つの問題は，若者の10～20％がある時期に経験すると報告されています．これらの問題は，たとえばペアレント・トレーニング（parent training）[11]など，親と一緒に取り組むことで対処するのが最も望ましいと言えます．介入がなされないで放置された場合，後に薬物乱用や違法行為への関与につながる危険性があります．

　不安や強迫行動，気分の落ち込みや抑うつを含む情緒的問題は，思春期には最大で若者の3人に1人に生じることになります．しかも，そのほとんどが効果的な専門的支援につながっていません．これらの情緒的問題に対しては，認知行動療法（Cognitive behavior therapy：CBT／第7講参照）が有効です．その他には，家族療法や対人関係療法も有効となります．

　（神経性やせ症や神経性過食症，過食性障害などの）摂食障害は，若者の約1～2％で生じます．多くの場合，10代で最初に発症します．特に神経性やせ症は，非常に深刻な事態になりやすいもので，

11）　親が子どもへの理解を深め，親子間の悪循環を断ち，より円滑に日常生活を送ることができるように，親が具体的な対処方法を手に入れるためのプログラム．

死に至る場合もあります．一般的に，介入には認知行動療法の様々な方法や家族療法などが用いられます（Box5 参照）．

　精神病は，私たちの大半が現実的だと理解しているものとは大きくかけ離れた仕方で考え，行動し，感じる事態に陥り，現実生活ができなくなります．子どもでは滅多に生じません．しかし，10代半ば頃に初期の前兆が現れることがあります．多くの場合，治療は投薬中心に行われます．しかし，最近では，徐々に早期段階において多種職チームでの介入が行われるようになっています．その場合，心理支援や家族支援を用いた介入が行われています．

Box5　摂食障害をもつ少女への臨床心理職の介入

　13歳のポーリーは，おとなしいが，友達付き合いのよい女の子だった．以前は学校や放課後の様々な活動を楽しんでいた．最初，彼女は母親によって医師のところに連れてこられた．

　母親によると，突然彼女は自分の容姿について過剰に心配し始めたということだった．ポーリーは，学校で「デブ」とからかわれていたと両親に話し，食事の摂取を制限したり，定期的に運動をしたりするようになった．彼女は，「自分はバカで役立たず，魅力がないと感じる」と言った．彼女の体重は，日を追うごとに減少していった．そして，当初来談を拒否していた地域の摂食障害サービスにリファーされた．

　そこで，臨床心理職はポーリーを担当することとなった．心理面接を継続して行い，彼女の自己肯定感を高めることを試みた．また，健康的な食習慣を身につけるために栄養士に協力してもらうことを彼女に勧めた．臨床心理職は，ポーリーとの心理面接において，食べることが生きていく上でどのような機能をもっているのかについて話し合った．また，食べること／食べないことが，愛されること，見られること，成長することに関連していることを伝え，そのことが彼女にとってどのような意

> 味をもっているのかを一緒に考え,ポーリーが自身の摂食行動を見直していくことを支援した.

　最後に,身体的問題と発達障害に関連する事柄について見ていきます.まず,身体的な障害や慢性的な身体的不調を抱える若者の場合について見ていきます.そのような場合,身体的な問題に対処する際に心理的な問題が生じることがあります(糖尿病をもつ青年の例を示したBox6参照).学習障害や自閉症(すなわち自閉スペクトラム症)などの発達障害は,学童期に発現する傾向があります(学童期の子どもの1~4%で生じます).発達障害では,認知的技法,行動的技法,身体的技法,神経学的技法など様々な方法を用いて,注意深く心理学的アセスメントを行う必要があります.綿密なアセスメントの結果に基づき,医師,看護師,臨床心理職,教師,社会福祉士,作業療法士,理学療法士,そして家族も含めた複数分野にまたがるチームで問題に取り組むことが多くなっています.

3) 関係者の支援

　大抵の場合,子どもや若者は,彼らの問題行動を理由として心理支援サービスにリファーされてきます.しかし,心理支援では,子どもや若者だけに焦点を当てるというよりも,親,教師,彼らの世話をしている関係者を含めることがよくあります.いずれにしろ,介入が行われないままでいると,これらの問題は持続し,子どもや若者の,その後の人生のあり方や健康に長期的な影響を与えることがあります.その点で早期の介入が重要となります.

第4講 心理支援を利用する人々(1)

Box6 糖尿病の若者に介入を行っている臨床心理職

　ボビーは，現在15歳である．I型糖尿病と診断されたのは6歳の時で，その時に初めて臨床心理職の支援を受けた．彼は糖尿病を治療するために必要な医療処置をとても怖がるようになっていた．そこで臨床心理職は，彼が恐怖心について話し，注射針や血液検査への不安を軽減するための心理支援の依頼を受けた．ボビーと臨床心理職の心理面接は効果的であった．

　しかし，ボビーのニーズに十分に応えるためには，エレーヌという彼の母親に介入を行うことも重要であった．彼女自身，ボビーのことでとても悩んでいた．実際のところ，母親はボビーを安心させることができていなかった．彼女はボビーの誕生を楽しみにしていたが，多くの合併症により難産であった．その結果，彼女がトラウマ的記憶を繰り返し体験していることがわかった．このような記憶は，ボビーの糖尿病の診断後に再発した．彼女は，ボビーの健康上の問題の責任が自分にあると感じていると語っていた．

　そこで，ボビーの糖尿病治療をしている病院は，母親がトラウマ的記憶に対処できることが必要と判断し，臨床心理職に依頼し，彼女に特別な心理支援を提供することとした．臨床心理職は，母親支援だけでなく，母親以外の家族メンバーに対しても，ボビーの糖尿病治療に関連する問題に適切に対応するためにどのようにしたらよいかを理解するための支援を行った．

　糖尿病に関連して最初の心理支援から数年を経て，ボビーは思春期の若者になった．彼は，身体的健康の問題を抱える多くの若者と同様に，自己の食事管理を注意深く行うことができていなかった．10代の若者として，友達と違うふうに見られたくないという気持ちもあった．また，グルコース値を狂わせる可能性のある食べ物や飲み物を我慢できないと感じる時もあった．そのような場合には，特に食事管理が難しかった．このことで母親のエレーヌと頻繁に口論になっていた．

　このような対立の背景には，食事管理に関しての相反するニーズがあ

> った．つまり，ボビーには，一方で母親との関係を維持したいという気持ちがありながら，もう一方で母親から自立していきたいという願望があったのだ．特に，母親から離れたいという願望が，母親の食事管理を促す態度に対して反抗的になることにつながっていた．また，彼は，食事管理をしながら同級生と同じような生活をし，仲間として彼らに溶け込むようにしたいとの願望をもっていた．ボビーは，このような事態に取り組んでいくにあたって，再度，臨床心理職の支援を求めることになった．

3 青年期から成人期の終わりまで

1) 主要な問題

臨床心理職に相談をする人の多くは，18〜65歳の，青年期から成人期の終わりまでの人々です．この年代の人々が来談する理由は，非常に多種多様です．

まず，社会的にも職業的にも他者との関係を改善したいという人がいます．自己理解を深めたいという人もいます．そういう人の場合，心理学を学んだことがきっかけとなっているということもあります．

次に，抑うつ，不安，混乱，怒りといった耐え難い感情を経験している人々が挙げられます．そうした感情は，子どもをもつこと，子どもを授かれないこと，就職や退職，人と付き合いを始めたり別れたりすること，引っ越し等々の，人生における大きな変化によって引き起こされることがあります．そうした感情が"突然"に起きてくることもあります．そのような感情体験は，人々が人生の楽しみ，人間関係を維持するのに大きな障害になりえます．ただし，そ

第 4 講　心理支援を利用する人々（1）

のような感情の問題を経験していても，多くの場合，家庭や職場ではそれなりに問題に対処し，なんとかやりくりしています．

　また，精神病や複雑性トラウマ等の深刻なメンタルヘルス問題を抱えている人々がいます．それらの問題は，彼らの生活のあらゆる側面に影響を及ぼします．

　その他に，心理的な援助に関して特定のニーズをもっている人々もいます．そのニーズは，彼ら特有の（しかし非常に多様な）生活環境と関連しています．たとえば，犯罪に巻き込まれたり裁判を受けたりしている場合，軍隊に所属している場合，難民や亡命希望であったりする場合等が挙げられます．こうした人々に心理支援の実践を行う場合，臨床心理職はそのような環境において生じる人々の特定のニーズを詳細に理解できるように，さらなる訓練が必要となります．

　これらの分類は，かなり恣意的なものです．それぞれの分類の人々がどれくらい心理支援を求めるかは，文化によって異なります．たとえば，発展途上国では，税金を用いて行政機関が臨床心理職を雇用するということは多くありません．そのため，専門的心理支援にかかる費用が高くなります．その結果，臨床心理職は，一般的なメンタルヘルスの問題ではなく，深刻な問題を長期間示すクライアントに対する支援を中心に行うことになります．経済的に豊かな国では，行政機関が臨床心理職を雇用しているので，逆に安い費用で心理支援を受けることができます．一般的なメンタルヘルス問題であっても，臨床心理職に個人心理療法を受けることができるシステムになっています．

2）自己理解や自己成長に関心をもつ人々

　青年期から成人期において臨床心理職のもとに来談する第1グループとして，よりよい自己理解を得たいという人々がいます．メンタルヘルス専門職にとって自己理解は，自身の専門性の発展にとっても重要な事柄です．また，自分自身の不安や葛藤を解消する方法を見つけるために臨床心理職に相談する人もいます．このようなクライアントは，医学的意味で"病気"ではないのですが，仕事，家庭，対人関係において物事が改善できればと感じて来談するのです（Box7参照）．

　たとえば，自分の生い立ちがどのように自身に影響してきたかということに関心をもつクライアントがいます．そのクライアントは，過去の体験を深く知るために，秘密を打ち明けられるような場を求めることになります．臨床心理職に相談をした結果，なぜ自分がある種の行動パターンにはまりこんで抜け出せないのかを理解できて，自信をもてるようになるということも生じます．

　臨床心理職の利用率は，文化や制度の違いによって各国で異なっています．深刻な情緒的問題がなくても，臨床心理職のもとを訪れることが，他国に比べて一般的な国もあります．たとえば，南アメリカのある地域では，自分のことをよりよく知り，人生の目的を見つけ，生活の質を高めるために臨床心理職を積極的に活用する文化があります．そこでは，人々は人間的成長や自己実現の実感を得るための自己変革に積極的であり，そのために心理療法を利用するようになっています．身体的健康に関して共に取り組んでくれるパーソナルトレーナーを雇うのと似た感覚で，心理療法をセルフケアのために活用するのです．

第4講 心理支援を利用する人々（1）

> **Box7 人間関係の問題の解決に向けて支援を求めたニッキー**
>
> 　ニッキーは，30代後半のシングルマザーで，人間関係がうまくいかずに身動きが取れなくなり，臨床心理職に心理支援を求めて来談した．
> 　彼女は，20代前半で妊娠し，子どもの父親と一時的に暮らしていた．しかし，彼との関係がうまくいかず，彼が身体的な暴力をふるうようになって別れた．ニッキーは，その地域の役所の職員として，比較的よい仕事に就いており，娘と小さなアパートに引っ越すことができた．そこで彼女はなんとかうまくやっていき，女性の友人の輪をつくった．しかし，男性との関係が彼女を苦しめた．彼女が付き合う男性は皆，最初は完璧に思えたが，次第に彼女を失望させた．彼女を利用するようになった者もいた．たとえば，多額のお金を貸しても，返さないということがあった．ニッキーは，自分がいつも間違ったパートナーを選んでしまう，あるいは何か間違ったことをしていると感じていた．
> 　彼女は，自分は常に人間関係で失敗する運命にあるのかと考え，その理由は何かを理解したいと思った．そこで彼女は，その時は特に問題に巻き込まれてひどく困っているということはなかったが，臨床心理職に相談をすることにした．自分の人間関係では何が起こっているのか，なぜ同じことが繰り返され，その悪循環から抜け出せないのかを理解し，それをどのようにしたら変えることができるのかを知りたいと考え，臨床心理職に相談をすることに決心をしたのだった．

3）心理的苦悩で安定した生活ができない人々

　青年期から成人期において来談する第2のグループは，とても強い苦悩を伴うメンタルヘルス問題を抱えた人々です．このグループの問題は，比較的よく起きる，混乱した心理状態です．そのため，臨床心理職の心理支援の対象としては，おそらくこのグループの人々が最も数が多いでしょう．

これらの問題により，情緒的に動揺し，感情，行動，考えがとても混乱した状態になります．この種の問題を抱えた人は，生活を楽しめなくなり，惨めな気持ちになります．生きていることが苦痛となり，日々苦悩を抱えて過ごすことになります．まるで終着点のないジェットコースターに乗っているかのように，際限のない恐怖におののく生活となります．

　普通に生活し，人間関係を構築し，仕事での課題にも対処し，家族を養っているにもかかわらず，強い苦悩を抱えている人がいます．このように一見普通の生活をしているのに，実際には心理的問題を経験している人が非常に多いことがわかってきています．そのような辛い感情に対処するために，あるいは苦悩を回避するために，薬物やアルコールのような物質依存に走る人もいます．このような苦しみを感じている人々が，耐え難い感情に適切に対処できるように支援をすることが，臨床心理職の支援目的となります．具体的には，物質依存や回避のような害を及ぼす対処スキルではなく，より適応的な対処スキルを見つけ，生活において活用できるように支援します．

　このような苦悩を伴う状態は，一般的に次のような名称で呼ばれ，ラベル付けされます．それは，パニック，**全般性不安**（generalized anxiety）[12]，恐怖症，心的外傷後ストレス，強迫行為／強迫観念，抑うつ，**摂食障害**（eating disorders）[13]，薬物乱用，家族や社

---

12) 日常生活の様々な出来事や活動に対する理由の定まらない不安や心配が，生活に支障をきたすほど過剰にある状態．
13) 食行動の重篤な障害．極端に食べない，または多い量を食べる，さらに自己誘発性嘔吐や下剤使用の排出行為が見られることが多い．

会での対人困難，性的問題といった名称です．もちろん，複数の問題が重なって併存することもあります．

本書では，上述のような，よく起こるメンタルヘルス問題について，様々な事例を挙げて説明します．第7講 Box15 で紹介するバーバラの犬恐怖，アブダルの（おそらくトラウマに関連した）騒音恐怖，以下の Box8 で紹介しているスチュアートの不安などがその事例に相当します．

Box8　不安に関連した症状への援助を求めるスチュアート

スチュアートは，2人の娘を愛している父親である．娘たちを自分の完璧な人生における光り輝く宝石だと呼んでいた．しかし，彼の内面は悪夢のようなものだった．というのも，誤って，あるいは意図的に，子どもたちを車で轢いて傷つけてしまうのではないかという考えに苦しめられていたのだ．

これを避けるために，彼は一連の複雑な儀式を定めてその行為を繰り返し行うようになった．それは，車を運転しているときに大声でマントラ (mantra)[14]を全部唱えたり，地域の交通情報を確認したりすることであった．また，子どもの事故が起こっていないかを確かめるために，その日運転した場所に引き返したりすることもあった．

これらの儀式や行動は，不安に満ちた思考を中和する，つまり彼の過度の心配を弱めるためのものだった．恐ろしい出来事が起こることを防ぐためにはそれらの儀式的行為を繰り返し行わなければならないと，彼は強く感じていた．次第にその繰り返し行動が彼の生活のほとんどを占めるようになっていった．様々な儀式的行為を繰り返し行うことに時間とエネルギーを取られてしまい，普通の生活ができなくなってきたのだ．

---

14)　ヒンドゥー教や仏教などの呪文．

> スチュアートは，必死の思いで臨床心理職に連絡を取り，相談の予約をとった．臨床心理職は，アセスメントの結果，彼が子どもを実際に傷つけてしまう危険性は極めて低く，強迫観念と強迫行為で苦しんでいると判断した．そして臨床心理職は，思考（認知）と行動を区別して理解できるような心理学的介入を行った．具体的には，心配なことが起きるのではないかという考えをもっても，それを実際に引き起こすことにはならないということを理解できるように支援したのだった．

4）精神疾患で生活が困難になる人々

青年期から成人期において臨床心理職の対象となる第3のグループは，長期間メンタルヘルス問題を抱えている人々です．彼らは，伝統的には「精神的に病んでいる」とラベル付けされています．彼らは，精神科医によって，**統合失調症**（schizophrenia）[15]，**双極性障害**（bi-polar disorder）[16]，**パーソナリティ障害**（personality disorder）[17]，精神病等といった深刻な精神疾患として診断された人々です．臨床心理職は，このような精神疾患に関しては，アセスメントでは重要な役割を担っていましたが，治療については長い間重要な役割を果たすことはありませんでした．これらの精神疾患は脳の欠陥によって引き起こされると考えられており，完治できない，あ

---

15) 精神病に分類される病気の1つ．幻聴や妄想が起こる陽性症状や，感情の平板化や意欲の低下，思考の貧困といった陰性症状が現れる．
16) 気分障害の1つで，高揚した「躁状態」と落ち込んだ「うつ状態」が繰り返し現れる．
17) 思考・感情・行動などのパターンが平均からいちじるしく逸脱し，社会生活や職業生活に支障をきたしている状態．精神疾患とは区別される．

るいは精神病院での薬物治療でのみ治療可能だと思われていました．

しかし，最近になって臨床心理職は，精神疾患と診断される人々が共通して示す症状や問題の治療に関わるようになっています．精神を病んでいるとされる患者に共通する症状や問題としては，パートナー，家族，上司に対する易怒性，孤独感，セルフケアの欠如，危険な行動等があります．臨床心理職は，このような問題の解決や改善に取り組む役割を担うようになっています．

これらの患者は，（実際はそうではないのにもかかわらず）「自分は特別な人物である」「自分は特別に選ばれた人間である」ということを確信する，パラノイアという症状を示すことがあります．臨床心理職は，このような症状を示す患者が，自分の考えや体験を語るのに注意深く耳を傾け，彼らの説明を丁寧に聴くのです．なぜならば，パラノイアとしての一見意味不明な症状とされている考えや体験が，患者の置かれた状況を考慮するならば，実は何らかの意味をもつことがあるとの知見が見出されているからです．

さらに，臨床心理学の研究者たちによって，精神疾患の症状と言われている異常体験を，実際には普通の人も体験していることが明らかとなっています．たとえば，実際にはありえない声が聴こえるという幻聴は，「精神疾患」とラベル付けされた患者だけでなく，普通の人々も体験している現象であることがわかってきたのです．

そこで，臨床心理職は，精神疾患の治療において可能な心理支援の範囲と役割の見直しを進めています．精神疾患への早期介入，話し合いによる心理支援（talking treatment：臨床例は Box9 参照），ストレス軽減に向けた家族教育は，精神疾患を抱えた患者の予後に重要な改善をもたらすことが明らかになっています．このような心

理支援は，患者の生活の安定や維持に役立ち，そして病気からの回復につながることになります．

Box9　幻聴に脅かされ，臨床心理職の支援を受けたスティーヴ

スティーヴは，数年前に深刻なメンタルヘルスの問題，おそらく統合失調症を罹患していると精神科で診断された．彼は無職で，両親と同居していた．両親は，彼が友達と会うのをやめたり，外出しなくなったりしていることに気づいていた．スティーヴは，顔も洗わなくなり，ほとんど眠らずに夜も起きたままで，多くの時間をコンピュータに向かって過ごすようになっていた．彼は両親に，「自分は複雑な哲学的な問いに取り組まなければならない」と語った．そして，「自分が確信するその問いへの答えは理論的な大発見で，世界にとって非常に重要なものだと判明するだろう」と説明を加えた．彼は，とても奇妙なふるまいを何回もした後に，家の屋根に登ろうとした．「それは悪魔の指示に従ったのだ」と言い張ったことから，精神病院に再入院することとなった．

数週間入院し，薬が変わった後，スティーヴは病棟の臨床心理職に会うことに同意した．彼は，臨床心理職に，「自分はその声の指示に従わなければならない．しかし，その声は，自分が回復不能なほどに狂っていることを示すのであり，それをとても恐れている」と語った．

臨床心理職は，彼と協働的な関係を築き，声に関連する苦痛を減らすために，彼が声についてあまり脅かされない方法で考えられるよう支援した．また，病棟のチームと一緒に介入を行うことで，復職や再び友達と連絡をとることなど，個人的な目標に向かってスティーヴが前進できるよう支援した．その結果，彼は病院から退院できるまでに回復した．

5）トラウマなどを抱えた人々

青年期から成人期に臨床心理職に支援を求める最後のグループは，

国家制度や法制度,より広範な社会問題と表裏一体の困難を抱える人々です.このグループに属する人は,それほど多くありません.ここには,刑務所に入っている人々や施設介護を受けている人々,軍隊に所属している人々,難民や**亡命希望者**[18]が含まれます.彼らは,それぞれ感情的苦しみを抱えています.残念なことですが,**刑事司法制度**[19]に関わることや,制限や迫害の対象になることが,情緒的問題の大きな要因になることがしばしばあります.

第1に,刑務所や触法精神障害者の指定医療機関といった司法関連施設に収容されている人々がいます.彼らは,反社会的,暴力的で危険な行動や状況に関与した前歴があり,しかも今後も関与する危険がある人々です.ただし,彼ら自身がトラウマを抱えていたり,虐待を受けていたり,ネグレクトされていたり,あるいは犯罪の被害者であったりするということがしばしばあります.

刑務所や触法精神障害者の指定医療機関といった施設は,その場自体が心理的な苦痛を感じる危険な場所でもあります.入所者は,攻撃的で問題を起こしやすい他の入所者や,ストレスを抱えて攻撃的になりやすい刑務スタッフに囲まれています.家族や友人と定期的に連絡をとることもできません.必然的に,こうした人々は高いレベルの情緒的問題を抱えることになります.たとえば,英国の統計によると,刑務所に入っている人の70%以上が,診断基準を上回るメンタルヘルスの障害を2つ以上抱えているとされています.

よくある問題としては,怒りのコントロール力が乏しいことや,

---

18) 自国から逃れ,自発的に他国に入国し,保護を求める人.
19) 犯罪者を法律によって裁き,適切な処遇を与えること.

物質乱用，対人関係の困難があります．彼らは，自分自身や他者に及ぼす危険性が理由で，**触法精神障害者の指定医療機関**（secure hospital/special high security hospital）[20]での留置が必要になることがあります．この種の人々は，単に保護するだけでなく，さらに多くの対応が必要となります．精神病や複雑なトラウマなどの長く続くメンタルヘルスの問題は，刑事司法制度に関わる人々の中では比較的よく起こるものです．というのも，（米国の統計によると）刑務所にいる人の半数が深刻な精神疾患を抱えているからです．触法状況に関連するメンタルヘルス問題を解決するための心理的実践は，通常複雑で長期にわたります．そして，社会復帰をする支援を行いつつ，その人が違法行為を繰り返す危険を減らすことで，社会を守ることを目的としています．

第2に，軍隊関連の人々への臨床心理サービスがあります．軍隊における臨床心理サービスの提供は増加してきています．たとえば，**米国退役軍人省**[21]は，現在の米国の臨床心理職の最大の雇用先となっています．派遣活動中，軍人はしばしば強烈なトラウマやストレスに晒されます．このことが，苛立ちや怒り，暴力といった心的外傷後ストレス障害（PTSD）の症状を引き起こします．PTSDに苦しむ人々は，薬物やアルコールを使用したり，仕事やゲームに没頭したりすることで気持ちを麻痺させようとすることがあります．

このような場合，臨床心理職は，対人関係の葛藤を減らしたり，

---

20) 精神病院のことで，自傷他害のおそれがある場合などに精神障害者を入院させる．保安病院．special high security hospital は英国の司法精神医学施設で，精神障害を有する犯罪者を受け入れる．
21) 退役軍人に関わる行政をつかさどる．

理解や社会的なサポートを促したりすることを目的として，夫婦療法や家族療法を行うことがあります．同様に，選抜や訓練といった軍隊の生活の他の側面に対して実践を行う臨床心理職もいます．

　第3に，難民や亡命希望者の支援があります．臨床心理職がこの種の人々の問題に介入することの必要性が認識されるようになっています．彼らの多くは，戦争関連のトラウマや暴力，移住や多くの喪失体験など，多大な身体的・心理的苦痛を経験してきています．このことは，新たな文化や社会に入っていくという課題と重なって，しばしば複雑化します．難民たちは，孤立した状態で家族や友人のサポートもないままに，新たな言語や社会規範，期待されていることに取り組まなければなりません．こうした集団によく見られる苦痛には，PTSD症状（特に過去のトラウマ的出来事の再体験，感情の麻痺，悪夢，移住やその他のトラウマを思い出させることの回避）に加えて，物質乱用や人間関係の破綻，抑うつなどがあります．

　このような問題を抱えた人々に有効な心理支援は，通常の心理的問題を抱える人々と同様のものですが，それに加えて社会への統合や生活の再建といった側面を重視したコミュニティ心理学的支援が特に必要となります．

第4講のまとめ

〈幼児期・児童期・思春期の人々〉
・子ども時代は、心理的変化が最大の時期であり、そこで身につけた知識、愛着パターン、対処方略は、生涯にわたってよくも悪くも影響を及ぼす。
・劣悪な養育は、子どもにとって重大な問題を引き起こす。
・思春期は、大人への移行期にあたり、心理的に不安定になり問題を抱えることがある。
・主要な問題は、行動上の問題、情緒的問題、摂食に関する問題、精神病、身体障害／発達障害である。
・本人、親、教師、関係者に対して介入を行うことが多い。
・長期的な影響を及ぼさないよう早期介入が重要となる。

〈青年期から成人期の人々〉
・クライアントの大多数であり、来談理由は主に以下の4つに分類できる。それぞれの分類の人々がどれくらい心理支援を求めるかは文化によって異なる。
・自己理解や自己成長に関心をもつ人々は、仕事、家庭、対人関係において物事が改善できればと感じている。
・心理的苦悩で安定した生活ができなくなる人々は非常に多く、そのような人々が辛い感情に適切に対処できるよう支援をする。パニック、全般性不安、恐怖症、心的外傷後ストレス、強迫行為／強迫観念、抑うつ、摂食障害、薬物乱用、対人関係の困難、性的問題が挙げられ、複数が併存することもある。
・精神疾患で生活が困難になる人々については、臨床心理職は、患者の症状や問題の解決や改善に取り組む役割を担う。患者の考えや体験についての語りを傾聴する。早期介入や話し合いによる心理支援、ストレス軽減に向けた家族教育が役立つ。
・トラウマを抱えた人々は、囚人、施設介護を受けている人々、軍隊に所属している人々、難民、亡命希望者などである。こういった環境におかれることは情緒的問題の大きな要因になりうる。

# 第 5 講　心理支援を利用する人々（2）

1　高齢者

1）問題の特徴

周知のように私たちは長生きになっています．現在は，数世紀前にくらべて人口に占める高齢者の割合が非常に大きくなってきています．これは喜ばしいことです．しかし，（特に西欧社会では）高齢者は，若者ほど重要視されていません．高齢者向けのサービスは，若者向けのものに比較して中途半端です．高齢者に対する態度は，若者に対するものよりも悲観的です．

人生のこの時期には，悲しいことに多くの喪失経験が訪れるものです．たとえば，仕事やそれまでの社会的地位の喪失，子どもの独立や家族で暮らしていた家からの引っ越し，配偶者や友人，家族の死に伴う死別体験などです（臨床例については Box10 参照）．また，たとえば，関節炎や糖尿病，脳卒中，がん，心臓病といった，慢性かつ深刻な身体的健康の問題が増加し，そのために他者に頼らなければならなくなるということもあります．多くの高齢者が他者，特に具合がよくない配偶者のケアに関わっています．

私たち臨床心理職は，このような生活上のストレスは，当然心理的介入の対象となるものと思いがちです．しかし実際には，多くの高齢者は自分たちが抱える問題を加齢に伴って起きる予想された結

果とみなします.そのため,専門職に支援を求めたり,自らの感情体験を話したりすることを思いつきません.高齢者は,助けを求めることよりも,まず自らの勤勉さや不屈の精神を頼りにして自立していくことが必要だと考えます.

Box10　高齢者の孤独を和らげる臨床心理職の支援

　メアリーは,60代後半で教員を退職した.夫と死別し,成人した子どもが2人いる.彼女の子どもであるピーターは厄介な離婚問題の渦中にあり,ヘレンは海外で暮らしていた.メアリーの主治医は,彼女が不安や抑うつといった感情にうまく対処できていないと感じ,臨床心理職に彼女と面接をするように依頼した.その数カ月前,メアリーはピーターを訪ねた後,車を運転して帰宅する途中,ピーターのことで頭がいっぱいで,小さな事故を起こしてしまった(誰も怪我はしなかったが).それ以降,彼女はピーターの住む町に行くことを避けるようになった.ピーターのサポートができない自分を腹立たしく思い,そのことに罪悪感をもつようになっていった.彼女は,運転だけでなく外出もしなくなった.ほとんどの時間,自宅で座ったままでくよくよと心配しながら過ごしていた.そのような状況で臨床心理職と会うことになった.

　臨床心理職は,メアリーに「どのような体験をして,どのような気持ちになっているのか」を尋ね,「どのようなサポートが必要か」を訊いた.メアリーは,「第1にピーターを手伝えるように車の運転を再開し,第2に心配や気分の落ち込みを減らすことができれば嬉しい」と語った.彼女と臨床心理職は,一緒に問題を解決するための計画を立てた.

　臨床心理職は,人間は誰しも不快な出来事を経験した後に,そうした出来事が再び起こる可能性を回避する傾向があることを理解していた.メアリーの場合には,事故が起こった場所に似た場所へ行くのを避けていたことがそれに相当する.ただし,臨床心理学研究から,よく似た場所や行動を避けることで,逆説的にさらに苦痛が増すということもわか

っていた.回避することで一時的に気分がよくなるので,回避を継続してしまう.しかし,その結果,その場所や行動は自分が怖がっているほどには危険ではないということを学習できなくなってしまうのである.一時的な安心のために,実際にはそれが心配するほど危険ではないことを学習できず,結局不安を乗り越えることができないため,むしろ不安が増すことになるというのが,最新の臨床心理学の知見なのである.

そのため,メアリーへの心理支援は,彼女が事故について詳細に語るのを支援することから開始した.そして,その後に,スモールステップで課題を上げながら,運転を再開することを支援した.具体的には,最初は短い距離から始め,段階的に長距離に取り組み,徐々に自信をつけていく心理支援をしたのである.臨床心理への信頼が増すにつれ,彼女は孤独感や,ピーターの家族の問題に関する不合理な罪悪感について語るようになった.そこで臨床心理職は,メアリーの孤独感を減らすための介入を行った.たとえば,ヘレン(海外に住んでいる娘)とオンラインで連絡を取ることができるように,IT技術を学ぶ講座に参加することを支援した.また,教員時代の元同僚たちと連絡を取ることも勧めた.次第にメアリーは自信をもつようになった.再び外出するようになり,ピーターと会い,地元の学校でボランティアをするといった活動を再開した.

2) 2種類の問題——器質性と機能性

高齢者によく見られるメンタルヘルス問題には,2種類のものがあるとされています.それは,器質的なものと機能性のものです.器質障害には,進行性の認知(脳)の変容が生じています.具体的な問題としては,軽度認知障害から認知症まで様々な障害が含まれます(臨床例はBox11参照).一方,機能障害には,不安や抑うつ,心的外傷後ストレス,精神病,摂食障害があります.これらはすべて,生活の変化によって引き起こされうる問題です.

"器質的"な障害への臨床心理サービスにおいては，まず入念な神経心理学的アセスメントを行います．そして，その結果に基づいて，高齢者やその家族への直接的，間接的な介入を行います．また，臨床心理職は，軽度の物忘れに対するメモリークリニックにおいて特別な介入プログラムを実施したり，認知症患者の介護者のサポートグループを運営したりすることもあります．

　"機能性"の障害に対する臨床心理サービスは，前述した青年から成人期におけるサービスと似たものとなります．ただし，高齢者に影響を与えるライフイベントが増加するとともに，身体的な病気や身体の衰弱の危険性が増すことを考慮する必要があります．さらに，ケアホームのスタッフや近隣の人，パートナー（配偶者等），家族などを含めて，高齢者の周りの組織やシステムと連携をとり，関係者と協働して介入する必要があります．

Box11　混乱や記憶障害と闘う老夫婦

　スペンサー夫妻は，成人した子どもたちが住む場所から少し離れた小さな村で暮らしており，70代後半まで比較的健康に楽しく過ごしてきた．ところが，スペンサー夫人は，夫が次第に忘れっぽくなり，庭仕事や地元のフットボールクラブなど，以前は熱心だったことへの興味を失っていることにも気づき始めた．最も旧い友人が突然亡くなった後に，スペンサー氏はさらに引きこもるようになり，時々心理的に混乱しているように見えた．

　地域の高齢者コミュニティのヘルスサービスから臨床心理職にアセスメントの依頼があった．それは，スペンサー氏がうつ病にかかっているかどうか，あるいは認知症を発症しているかどうか査定するために心理検査を実施してほしいとの内容であった．彼が抑うつ状態であることは

明らかだった．そこで支援チームは，スペンサー氏が以前楽しんでいた活動に取り組むための行動活性化プログラムを作成し，実施した．しかし，彼の活動性は低下し続けたため，支援チームは最終的に，彼は認知症にもかかっていると判断した．スペンサー夫人は，夫を自宅で世話することを決意した．彼女は，数カ月の間自宅で夫の介護をしたが，次第に疲れて，うつ状態になっていった．周囲の者は，彼女に夫を一時的にレスパイトケア（respite care）[22]に託し，休養をとるように勧めた．しかし，彼女はそのような意見を頑なに拒否した．

そこで，臨床心理チームの別のメンバーが，スペンサー夫人と複数回面接をした．そこで，彼女が夫の変化についての心配を話すことを支援し，彼女自身のために地域サービスによる支援を受けることを促した．さらに臨床心理職は，夫妻の子どもたちにも会った．子どもたちは，スペンサー氏の抱える問題の程度を知らなかった．臨床心理職から状況についての説明を受け，彼らは，以前よりも頻繁に，定期的に夫妻のもとを訪れるようになった．最終的に，スペンサー夫人と家族は，専門家のケアを受けるために，地域のケアホームにスペンサー氏を入居させるという結論に達することができた．

2 知的障害のある人々

1) 問題の特徴

発達早期から，知的障害のために日々の生活課題をこなすのが困難な人々がいます．世界の人口のおよそ 1-2% が，18 歳以前に生じる知的障害を抱えているとされます．知的障害のある人々は，知的な機能（IQ）だけでなく，適応行動においても定形発達の人々

---

[22] 障害者や要介護の高齢者などを一時的に施設や行政サービスなどに預けること．介護疲れを防いだり，介護者も含めた家族全体の生活の質を高める目的で行われる．

と比較して明確な限界をもっているのです．通常の社会生活をするのに必要なレベルの生活スキルや活動スキルをもてないでいます．

研究によると，知的障害のある人々は，そうでない人に比較して，いじめを受けたり虐待を受けたりする傾向が高いとされます．また，病弱で身体的な障害を持ちやすいということもわかってきています．

このような知的障害のある人々は，「精神遅滞」や「**学習能力障害（learning disability）**[23]」と呼ばれる場合もあります．臨床心理職が知的障害に特化した支援サービスにどのように関わるのかは，地域や国によって異なっています．たとえば，英国では知的障害の支援は，臨床心理職の訓練においても実践においても標準的に組み込まれています．それに対して米国では知的障害のある人々の支援サービスは，臨床心理職の標準的な活動には組み込まれていません．

私たちの社会では，知的障害のある人々は過小評価され，スキルを発展させる十分な機会を与えられないことがしばしばあります．しかし，多くの臨床心理職は，知的障害のある人々の人間としての価値や，人生についての選択をする権利の擁護に熱心に取り組んでいます．

軽度知的障害のある人々の多くは，実際のところ，日々の課題をこなし，地域において問題なく生活をすることができています．ただ，複雑で予期しない課題に対しては困難を感じることがあり，ときに支援を必要とすることはあります．

重度の知的障害を抱える人々は，コミュニケーションをとることや自立して生活することが難しくなります．したがって，こうした

---

23) 学習障害（learning disorder: LD）と異なることに注意．

人々は，生活の大部分で他者の支援を必要とすることになります．

2）臨床心理職の役割——機能分析

多くの場合，臨床心理職の役割は，家庭，ケアホーム，施設などで知的障害者をケアする人々と協働して支援を行うことにあります（臨床例は Box12 参照）．たとえば，知的障害のある人々は，ケアスタッフに対して不適切な要求をしたり，他者の社会的活動を妨害する暴力的行動をしたりすることがあります．ケアスタッフがそのような問題行動に対応する際に，臨床心理職はスタッフが行動マネジメント技法を用いて問題対処できるように支援します．

そのような場合，よく使われる方法が機能分析です．機能分析とは，ある特定の場面で問題行動が起き，それが継続してしまう要因は何かを明らかにする技法です．

Box12　知的障害施設のケアスタッフを支援する臨床心理職

ラモンは，重度の知的障害を抱える若者である．彼は突然，施設内で騒音騒ぎを起こし始めた．施設のケアスタッフは，この出来事にとても苛立ち，手に負えない厄介者とラモンを"責め"た．そして，臨床心理職に「ラモンの行動をコントロールするのを助けてほしい」と依頼してきた．

臨床心理職は，施設でラモンの問題行動が起きる状況を，時間をかけて観察した．その結果，どのような変化が騒音のきっかけになるのかに気づいた．新たに施設に入ったばかりで丁寧な支援が必要となっている入居者に対して，ケアスタッフが注意を向けているときに，ラモンは問題行動を起こしていたのだ．つまり，以前はラモンに注意を向けていたケアスタッフが，彼に注意を向けなくなり，無視したのをきっかけとし

> て騒ぎを起こしていたのだった．そこで，臨床心理職は，叫ぶことがラモンにとってはスタッフの注目を再び得る唯一の方法となっていると考えた．
>
> 　臨床心理職は，注意を引くために問題行動を起こすという，ラモンの行動パターンをケアスタッフのチームに伝え，慎重に対応するようにアドバイスした．そして，スタッフと協力して，ラモンを無視したり責めたりするのではなく，その代わりにどのような行動をとるのがよいのかを検討した．ラモン以外の居住者に配慮しつつも，彼が無視されたと感じてケアスタッフに不信感をもつことがないように対応するには，どうしたらよいかを考えた．
>
> 　まず，ラモン以外の居住者のケアについては，彼の視野に入らないところで行うことにした．次にイラストを描き込んでわかりやすくした予定表と，簡単に使える時計をラモンに渡して，ラモンへのケアを集中して行う順番がいつになるのかがひと目でわかるようにした．このような対応は，ケアスタッフが彼を忘れていないことを伝えて，彼を安心させることを意図したものであった．
>
> 　また，臨床心理職は，施設のケアスタッフのチームを対象として，機能分析の観点からコミュニケーション行動を理解するための研修プログラムを実施した．そこでは，このクライアントの問題行動の機能をどのように理解し，解釈するのかを解説した．その後，ケアスタッフのチームは，ラモンが"ただ自分たちを困らせるために"騒動を起こしているのではないことを理解した．そして，居住者が行動を通して伝えようとしていることにより関心をもつようになった．

　知的障害のある人々には，抽象的な考え方を理解することは困難です．そのことを考慮して修正を加えることで，様々な心理支援を行うことができます．知的障害がある場合には，記憶力の限界や対人的境界の混同が見られる可能性があります．対人的境界の混同とは，誰が友人で誰がスタッフメンバーか，自分は誰と何について話

をするのか,誰に触れてよくて誰と遊んでよいのかという区別がつかない,といった状態です.心理支援を行う際には,このような限界や混同を考慮して,注意深く実施することが求められます.

　また,知的障害のある人々の家族を支援するためには,家族療法が役立ちます.感情的に行き詰まってしまった家庭に動きを作り出すために,あるいは家族の障害に対しての否定的な考え方を変えるために,家族療法を活用することができます.さらに,多くの家族は,障害のある人々が生活スキルや社会的スキルを向上させる可能性はないと悲観的になっています.そのような家族が,知的障害のある人々にも様々なスキルを発展させる可能性があることを理解し,成長を期待できるように支援するのにも家族療法は役立ちます.

3　身体的病気や神経的障害を有する人々

1) 問題の特徴

　身体的健康の問題や神経学的症状を抱え,広範で長期に及ぶ医学的治療を要する人々がいます.臨床心理学に基づく支援を受ける人々のうち,その数が急速に増加しているのは,そのような医学的治療を受けている人々です.その中には,慢性疼痛を抱えている人々,がんや心疾患など命に関わる病気を抱えている人々,脳卒中や神経変性障害を起こした人々,事故に遭って脊椎損傷や深刻な障害が起きた人々が含まれます.

　医学的治療の進展に伴い,より多くの人が,以前なら命を落としていた事態を切り抜けることができるようになっています.その結果,患者やその家族に新たな問題が生じています.問題の焦点が,回復からリハビリテーションに移っているのです.つまり,深刻な

障害や慢性的な痛み,身体的／精神的機能の喪失を抱えながら暮らしていくという,新たな現実への適応が課題となってくるのです.

2) 生物―心理―社会モデルによる理解と支援

こうした患者に最も一般的に用いられるアプローチは,"生物―心理―社会モデル"です.これは,人々の身体的健康(ホルモン機能や生理機能,脳機能など)だけでなく,その人を取り巻く社会的文脈(家族や仕事,余暇,コミュニティ)を考慮し,さらに心理的な問題に注目して支援を行うことを意味しています.

こうした生物―心理―社会モデルを意識した支援は,すべての臨床心理職にとって重要なものですが,とりわけ神経学的症状や身体的健康の問題に関わる臨床心理職にとっては,特に重要となります.神経学的症状や身体的健康の問題を呈している場合には,当然のことながら医学的診断に焦点が当てられます.実際のところ,患者はとても体調が悪かったり,深刻な能力低下を来たしていたりするのです.

生物―心理―社会モデルに基づく研究によって,感情状態や考え方といった心理要因が,患者の主観的体験にとても強く影響していることが明らかとなっています.つまり,患者が自らの健康状態や回復具合をどのように感じるのかは,心理要因に大いに左右されるのです.がんや心疾患などの身体的な健康状態に関する診断を受けた場合,その新しい情報を受け止めようとしながらも患者は心理的な衝撃を受けることになります.

そのような場合,結果として深刻な不安や抑うつが生じることがあります.また,今後起こるかもしれない苦難への予期不安が生じ

ることもよくあります．さらに，診断を受けたショックは，患者の心理的苦しみを生じさせるだけでなく，治療方針にしっかりとしたがって治療に取り組もうという動機づけの低下を招くことにもなります．

3) 心理支援の実際――がん患者の場合

臨床心理職は，身体疾患の患者であっても心理支援を行うことができます．たとえば，患者は，診断を受けた際に「自分の将来は絶望的だ」といった，早計な判断をしがちです．それに対して，そのような早計の判断は一面的な見方でしかないことを理解するのを支援することができます．また，病気とそれに伴う心理的苦難に対処するために利用可能な資源が実際にはたくさんあるということに，患者自身が気づくのを支援することもできます．この利用可能な資源には，病院，家族，コミュニティから得られるサポートだけでなく，その人の人間関係や生活スキルも含まれることになります．

最近，がんであると診断された若い女性を例として考えてみます．彼女は，希望を失い，自暴自棄となって家族や友人との関係を断ち，無気力で抑うつ的になっています．そのような場合，臨床心理職は，医学的治療と並行して心理支援を行うことができます．具体的には，適応的な問題対処の方法に焦点を当て，問題解決技法を用いることで，彼女とその家族が気持ちを切り替えて新たな問題対処の仕方を見出していけるように，心理支援をすることになります．絶望し，自暴自棄の状態となっていた彼女は，心理支援を受けたことでそのような状態から抜け出し，可能な範囲で満たされた生活を送ることができるようになりました．このように心理支援は，まさに"救命

具"としての機能を果たすことができるのです.

　患者は,薬物療法や化学療法の副作用として,倦怠感や睡眠障害などをしばしば訴えます.このような薬物療法や化学療法の副作用への対処の支援も,臨床心理職の仕事となります.こうした支援によって,その人の幸福感が上がったり,身体の調子がよくなったり,**レジリエンス**（resilience）[24]が向上したりすることがあります.それは,最終的には治療の潜在的効果を高めることになります.緩和ケアを受けている終末期の患者の心理支援を行う臨床心理職もいます.ここでの目的は,その人に残っている生活の質を高め,痛みに対処し,患者とその家族両者から見て最善の状態で死を迎えられる可能性を最大化することとなります.

4）リハビリテーションにおける臨床心理職の役割

　がんなどの命を脅かすような慢性的な病に対しての心理支援だけでなく,後天的に脳損傷を受けた人々に神経心理学的介入を行うことを専門とする臨床心理職もいます.こうした後天的な脳損傷は,たとえば事故,髄膜炎などの病気,脳卒中や脳腫瘍などの発達性病理（developmental pathology）によって生じます.こうした損傷によってその人の生活は大きな混乱に陥ります.筋肉運動の協調の喪失,発作,倦怠感などの辛い身体障害や神経学的影響を伴うことがしばしばです.起こりうる認知的な障害として,注意や集中力の欠如,物忘れ,プランニングや問題解決の困難などがあります.ま

---

24) 社会的に不利な状況や一時的なストレス状態に陥っても回復し,適応状態を示す能力のこと.

た，抑うつや怒り，フラストレーション，自信の喪失などの気分障害が起こることもあります．さらに，脳損傷の結果仕事を失ったり，離婚に至ったり，家庭崩壊に至ったりすることもあります．

　神経心理学分野における臨床心理職の役割は，その人がどのようなことをテーマとしているのかによって異なってきます．臨床心理職は，概して急性期かリハビリテーション期のいずれかに関わる傾向があります．

　急性期の場合，臨床心理職の役割は主に脳損傷のアセスメントや予後に関わることです．一方，リハビリテーション期の場合の臨床心理職の役割は，主に回復を促進し，患者やその家族が認知的／行動的問題の影響に対処できるように支援することです．問題状況としては，障害が突然起こり（例：車の事故後の頭部外傷），その後にリハビリテーション期間，そして回復期間となっていきます．その他には，障害が進行性のもので（例：多発性硬化症），進行の度合いとともにサポートの程度が増していく場合もあります．いずれにしろ急性期の患者は身体の調子が優れないことが多く，心理アセスメントと並行して多くの医療処置を受けることになります．

5) リハビリテーションにおける神経心理アセスメント

　心理アセスメントは，脳損傷の影響の程度や範囲について，より詳細な情報を得るためのものです．損傷がどのくらい広がっているのか，患者ができることとできないことは何か，損傷を受ける以前に生じていた先行要因（たとえばうつ病）としてどのようなものがあり，それが現状にどのような影響を与えているのかといった事柄を丁寧に調べます．そのため，長時間を要することがあります．

アセスメントの目的は，脳損傷の影響がどの程度表れているのかを特定することです．それらは，脳スキャンでは測定できないことがしばしばあります．また，アセスメントではなく，心理支援を担当することもあります．たとえば，複雑な医療処置やCT（computerized tomography：コンピュータ断層投影法）やMRI（magnetic resonance imaging：核磁気共鳴画像法）などの脳スキャンを受けている際に生じる急性の不安に対処することができるよう支援するといったことがあります．

リハビリテーション期における臨床心理職の主な目的は，患者が自立して生活し続ける可能性をできるだけ高くすることです．そうすることで，患者が家庭，職場，地域における自らの役割を果たすことができる能力の回復を支援します．

介入では，損傷による能力低下の程度を明らかにするとともに，患者の潜在的な強みを見出し，回復に向けて前向きに取り組むための方法を見つけていくことに焦点を当てます．患者は，長期間にわたる機能の変化に対処していかなければなりません．そのために，問題の改善に向けて継続的に取り組むことができるように工夫する支援が重要となります．たとえば，重度の記憶障害の場合，臨床心理職は，記憶障害に対処するために，電子機器を活用することで，患者の継続的な取り組みを支援するといった工夫をすることができます（臨床例はBox13参照）．

Box13　夫の脳卒中に対処する夫婦を支援する臨床心理職

校長を退職した63歳のロジャーは，退職後も職業的・社会的に非常

に活動的で，地域のボーリングクラブの会計係を担当していた．ある晩，クラブでお酒を飲んでいる時に，ロジャーは脳卒中になった．スタッフが救急車を呼び，短期間の入院の後に，ロジャーは自宅に戻った．

定期的な経過観察の一環として，脳卒中が認知機能に及ぼした影響を知るために，医師は，臨床心理職による神経心理アセスメントをロジャーに勧めた．ロジャーと妻は，臨床心理職との3回の面接において，現在抱える困難を詳しく話した．2人ともロジャーの突然の変化と闘っていることが明らかになった．彼は非常に怒りっぽくなり，妻を何度も乱暴に押しのけることさえあったのだ．

記憶や認知機能，情緒機能に関する包括的な検査の結果，新しい言語情報を覚える力が乏しく，情報処理のスピードが遅いことが明らかになった．彼はまた，喚語困難も抱えていた．抑うつ感および不安の尺度から，ロジャーは気分が落ち込んでおり，社会的状況に非常に不安を抱えていることがわかった．臨床心理職は，彼の不安は再び脳卒中が起こることへの恐怖と結びついているとの仮説をもった．

また，ロジャーは，「他者は自分をばかにしている」という思い込みをもっていることも明らかとなった．臨床心理職は，その思い込みは，記憶力が乏しいことや喚語困難があることに関連しているとの仮説を立てた．彼は，会話の内容をすぐ忘れてしまうということがあった．そのため，人と話す時はとても不安になっていた．ロジャーの強い苛立ちが妻に向けられたのは，妻が速いペースで話し，ロジャーの言葉を遮り，ロジャーに代わって話をするからであった．ロジャーの気分の落ち込みは，記憶力の低下や学校での地位の喪失，大黒柱としての役割の喪失，趣味の喪失と関わっていた．

臨床心理職とともに，ロジャーは次のような目標を設定した．
1 家を出て，スーパーマーケットやお店で過ごす時間を徐々に増やすことで，不安を和らげる．
2 話す時にゆっくり話してほしいと相手に伝えること，電子日記に重要なことを書き残すようにすること，毎日朝食後にその日記を見ることで記憶力の低下を補う．

> 3 妻に対して，彼の言葉を遮ったり代弁したりしないように"注意"
>   し，妻が自分の気持ちを代わりに話すことによる苛立ちを緩和する．
> 4 週に2回，地域の健康センターの脳卒中グループに参加すること，
>   通常メンバーとしてボーリングクラブの会合に戻ることで，抑うつ
>   感を和らげる．
> 5 1日に2回運動をすることで，手足の力を高める．
>
> 数カ月後，ロジャーは，不安に思うことなく妻と地域のスーパーマーケットに行くことができるようになり，電子日記を活用することで，重要なことを忘れることが少なくなったと報告した．また，ロジャーの妻は，話に割り込むことに以前よりも気をつけるようになり，この1カ月言い争いが少なくなったと話した．さらに，ロジャーは定期的に運動し，腕や足の力が増したことで嬉しそうにしていた．

損傷を受けた人の家族も，おそらく悩み，支援を必要としているでしょう．なぜならば，家族は，損傷のためにパーソナリティや能力が著しく変化した患者と一緒に生活する方法を，新たに習得しなければならないからです．

前講と本講では，様々な発達段階にいる人々や，様々な水準の精神機能や身体機能をもつ人々への心理支援について解説しました．しかし，ここで示した内容は，臨床心理職の支援が役立つ状況のほんの一部に過ぎません．次講以降では，臨床心理職が介入対象の人々に支援を実践する際に用いる理論や手法の概要について解説します．

第 5 講　心理支援を利用する人々 (2)

第5講のまとめ

〈高 齢 者〉
・多くの喪失経験が訪れ，身体的健康の問題も増えて他者に頼る必要が出てくる．
・多くの高齢者は自分が抱える問題を加齢によるものとみなし，援助を求めずにいる．
・問題には器質障害と機能障害がある．

〈知的障害のある人々〉
・知的機能と適応行動に限界があり，いじめや虐待を受けやすく，病弱で身体的な障害ももちやすい．
・軽度の場合，ほとんど問題なく生活できていることが多い．重度の場合，生活の大部分で他者の支援を必要とする．
・ケアする人々への支援では機能分析がよく使われる．家族療法も役立つ．
・抽象的な考え方を理解することが難しい点を考慮して心理支援を行う．

〈身体的病気や神経的障害を有する人々〉
・生物—心理—社会モデルを意識した支援が特に重要となる．
・患者や家族が身体的・神経学的障害を抱えながらどう暮らしていくかが課題となる．
・広範で長期的な医学的治療を要するが，心理要因が患者の主観的体験に強く影響する．
・患者の身体的・心理的状態や状況に合わせた援助が求められる．

第6講 臨床心理職の技能

1 臨床心理職の技能の種類

　道具箱の中に様々な道具が入っているように，臨床心理職は様々な技能（コンピテンシー）の入った"道具箱"をもっています．臨床心理職は，それらの技能を大学などの教育課程で身につけて，その後に専門職としてのキャリアを積みながらさらにそれらを発展させます．この"道具箱"の中には，アセスメント，フォーミュレーション，介入，研究，評価，コンサルテーション，スーパービジョン，教育，指導／マネジメントの技能が道具として入っています．

　臨床心理職は，仕事内容に応じて，これらの道具を直接使ったり間接的に使ったりします．たとえば，心理支援の実践を行う時には，目の前のクライアントにこれらの技能を使います．一方，教員，研究者，マネジャー，スーパーバイザーとして実践を行う時には，目の前にクライアントがいないので，間接的にこれらの技能を使います．どの技能もそれ自体は臨床心理職だけのものではありません．しかし，先に挙げたすべての技能を，段階に合わせて，そして丁寧に使うことが，臨床心理職の特徴です．

2 アセスメント

1）アセスメントの目的と方法

1つ目の重要な技能は，クライアントが抱える問題や課題を徹底的にアセスメント（査定）することです．問題に取り組む前に，その問題がどうであるかを正確に理解することに時間をかけるのは当然です．さらに，今すぐその問題に取り組む必要があるかどうか，もし取り組む必要があるのであれば，どのような支援が最も適切で，最も適切な支援を行うのに最もよい人が誰かということも考えなければいけません．中には単に時間が経てば解決する問題もあるので，常に専門職が関わることが有効とは限りません．

たとえば，わがままを言って両親にべったりしている子どもへの支援を両親から求められることがあります．しかし，アセスメントによって，この問題は，新しい街への引っ越しなど最近の家庭の変化に対する反応であって，家庭が落ち着くにつれて減ると考えられることがあります．その場合，しばらくの間，両親は当然心配になるでしょう．しかし，すぐに介入する必要はないでしょう．

アセスメントの重要性について，トラウマとの関連で考えてみましょう．研究の結果，**トラウマ的な出来事**（a traumatic event）[25]の直後に心理療法を行うのは望ましくないことが多いとわかってき

---

[25] 心的外傷体験．実際に他者が死ぬ，または危うく死にそうになる，深刻な怪我を負う，性的暴力を受けるなど，精神的に大きな衝撃を受ける出来事，体験．災害や大きな事故，虐待，暴力などが挙げられる．実際に自分が体験したり，他人が巻き込まれるのを目撃したり，親しい人が体験したことを知ることもトラウマ的な出来事となる可能性がある．

ました.なぜなら,トラウマ的な出来事から時間が経たないうちに専門的介入を行うと,自然に起こるその回復のプロセスを妨げることになり,実際には逆効果になってしまうからです.トラウマ体験に対する苦痛は自然に生じる反応ですが,その多くは時が経つにつれゆっくりと弱まっていきます.ただし,トラウマ的な出来事から時間が経ったある時点で,ごく少数の人にトラウマが継続してしまいます.それがわかってきた時点で,しっかりとした心理支援を必要とすることになるのです.

このような点を考慮するならば,アセスメントによって,問題がトラウマであるのかどうかを判断することは,とても重要となります.アセスメントの結果によって,心理支援の進め方が異なってくるからです.

クライアントの問題をアセスメントする時には,様々な方法が使われます.たとえば,面接や観察,心理測定法や人格検査法(評価尺度や質問紙など),テストバッテリー(特定の心理機能を調べる時に形式的に行われる1セットの課題)の実施,家族や同僚,治療記録などです.これらの方法を使って情報を収集していきます.

2) 初回面接と観察

さて,あなたがクライアントとして,最初のアセスメントの場である初回面接を受けている場面を考えてみます.あなたは,臨床心理職があなたを安心させようと努力していることを感じるでしょう.また,あなたがなぜ心理支援を求めたのか,あるいはなぜ心理支援を紹介されたのかについて知ろうとしていることもわかるでしょう.

そのような場面でいろいろと質問され,問題を調べられたら,誰

でも不安を感じるものです．ですから，その臨床心理職が信頼でき，自分の不安に共感してくれる人物であると確信できない限りは，自分を悩ませている問題を隠さずに話すことに抵抗を覚えるのは当然です．

初回面接において，臨床心理職は通常，あなたが抱える主な心配事や問題について質問をします．これは，いわゆる"主訴"と呼ばれるものです．あなたが今どのように感じているのか，問題としてどのようなことが起きているのか，あなたはその問題についてどのような心理的な苦しみを感じているのか，そしてその苦しみをどれほど簡潔に説明できるのかといった事柄について，臨床心理職は確認していきます．

また，あなたの出生から現在に至る成長の過程において，どのような心配事があったのか，あなたがどのように心配事に取り組んできたのか，関連する健康の問題はどのようなものがあるのか，投薬治療を含めて問題に対してどのように対処してきたのか，そして心理支援に何を期待しているかについて尋ねていきます．

さらに，臨床心理職は，その他どのようなことがあなたの生活で起こっているのか，あなたの家族や人間関係がどのような状態なのか，その問題の解決に向けて，的確な見方や支援を提供できる人が身近にいるかどうかといった事柄も把握しようとします．

もちろんアセスメントの対象が誰なのか，何をアセスメントするかによりますが，最初の面接ではかなりいろいろな角度から問題や状況を尋ねていくことになります．また，アセスメントでは，多くの場合，注意深い観察も同時に行います．たとえば，親がとても恥ずかしがり屋の子どもに対する支援を求めている場合を考えてみま

しょう.それは,見知らぬ人すなわち臨床心理職に初めて会うという,その子にとっては新しい状況です.臨床心理職は,そのような場面で親と子どもがどのように反応するか観察します.

また,臨床心理職はクライアントだけではなく,自分自身の反応も観察しています.たとえば,「自分は不安を感じているか?」「クライアントを守らないといけないと感じているか?」「自分は嬉しいと感じているか?」など,自己モニタリングをして自分自身の心の動きを観察します.場合によっては,こうした臨床心理職の感情によって,クライアントの**パーソナリティ**(personality)[26]や対人関係のスタイルの重要な側面が明らかになることがあります.

臨床心理職は,学校や病院など,クライアントの問題が最もよく起こるその場所でクライアントを観察したいと思うこともあるでしょう.あるいは,クライアントに,自分の思考や日々の活動などを記録するように依頼することもあります.

3) 守秘義務とリスク評価

初回面接において臨床心理職は,たいていクライアントが面接を受けることに前向きに同意しているか確認し,**守秘義務**(confidentiality about information)[27]やその限界について説明も行います.通

---

[26] 個人の思考と行動を特徴付ける一貫した傾向.気質,性格,能力の複合体と考えることが多い.気質は生まれてから変わることはないとされており,性格は経験を通じてある程度変化するものである.能力は身体的・精神的な機能の基本的な可能性のこと.
[27] クライアントの個人情報や面接の中で話したことをセラピスト以外の人が知ることがないよう,外部に情報を漏らすことがないように,秘密を守る義務.

常は，守秘義務として，面接で話された詳しい内容を他者と定期的に共有することはありません．しかし，必要になったら検査の結果や面接の進展や隠れていた問題のテーマに関する概要は，リファーしてきた医師やチームに伝えることがあります．それが守秘義務の限界です．

また，クライアントや社会全体に対する"注意義務"として，クライアントや誰か他の人，特に子どもに重大な危険が起こる可能性がある場合は，その危険を関係者に伝える義務があることも説明します．そして最後に，臨床心理職はリスク評価を行います．リスクとは，「クライアントが危害を加えられるような危険な状態にいないか」「クライアントが自分自身や他者に害を与えるようなことを行っている，または行う危険がないか」ということです．もしそうしたリスクがあるならば，そのリスクを避ける助けとなる資源の一覧を提供したり，医療機関に注意を呼びかけたり，場合によっては警察に知らせたり，緊急の行動をする必要があります．

そのような場合に臨床心理職は，その時点では心理学的介入を行うのにいいタイミングではないとアドバイスします．心理学的介入をするにはまず，臨床心理職が対応可能なレベルまでリスクを下げる必要があります．それは，介入によって，扱うのが難しい感情や行動を引き起こす可能性があることがわかっているからです．

4) 検　　査

多くの臨床心理職はさらなる情報を得るために心理検査を用います．普通，これらの心理検査は筆記形式やコンピュータを用いた質問紙の形式をとって，その人の経験や考え方，感情を尋ねます．こ

うした質問紙によって，臨床心理職はクライアントの特徴によく似た他の人の得点とクライアントの得点を比較することができます．正しい答えや間違った答えはなく，回答はその人自身の経験に関する示唆を与えてくれるというものです．

例として，メンタルヘルス問題でよく使われる，"考え方"チェックリストを見てみましょう．それには，たとえば，「私はしばしば涙もろくなる」「私は玄関のカギを閉めたことを確認しなければ落ち着かない」などの項目があります．その他にも，問題を抱える子どもによく見られる行動に関して，親が答える尺度もあります．たとえば，そのような尺度は，「私の息子は怒りをコントロールすることができないようだ」などの項目で構成されています．

ところで，"考え方"チェックリストで，「私はしばしば涙もろくなる」「私は玄関のカギを閉めたことを確認しなければ落ち着かない」といった項目に"ハイ"と答えたとします．しかし，多くの人々が涙もろくなったり，戻って物事を確認したりすることがあります．「私の息子は怒りをコントロールすることができないようだ」についても，誰でもカッとなることはあるでしょう．

そこで，検査は，分析した結果が極端に他とは違う場合を見分けることができなければなりません．そのために，検査としての妥当性と信頼性を実証できるだけの正確さを備えていなければなりません．簡単に言うと，"妥当性"とは，その尺度が，たとえば不安を感じている人々と他の気分（たとえば抑うつ気分）を感じている人々とを，はっきりと区別できるような質問で作られているかどうかを表します．一方，"信頼性"とは，その尺度が，時間を経ても一貫した結果になるかどうかを表します．

その人のパーソナリティを分類することを目的として検査を実施する臨床心理職もいます．これらの検査では，たとえば「初対面の人に会うことは楽しい」など，典型的な行動や感情についての質問項目から構成されています．「彼は他者に確認を求めることがよくある」など，子どものパーソナリティを見るために，親や周囲の人に聞く質問項目もあります．当然，これらのすべての検査の問題として，「こう思われたい」ということや「このように言うべきだ」と考えることに，回答が影響を受ける可能性があります．

　このような問題点をカバーする他の心理検査として，投影法検査があります．投影法検査では，臨床心理職は**インクブロット**（inkblot）[28]や**小さな家族集団**（small family grouping）[29]のようなあいまいな絵を見せて，クライアントにそれがどのように見えるか説明してもらいます．投影法の考え方は，クライアントはあいまいな絵からクライアントにとって重要なものを知覚するため，クライアントの説明から無意識の考えや感情に関する有効な情報を得られるというものです．しかし，この種の検査は臨床心理職自身の**バイアス**（bias）[30]や投影の影響を受けやすく，最近では頻繁には使われなくなっています．また，他のパーソナリティの測定法に比べて科学的でないとされています．

---

28) 特定の何かを表していないインクの染みをクライアントに見せ，自由に解釈してもらい，その解釈によってクライアントのパーソナリティを査定する投影法の一種．ロールシャッハテストなどで用いられる．
29) 家族をイメージさせて行う投影法．日本では，家族関係単純図式法など．
30) ある人，もしくは集団の先入観や考え方の傾向，特定のものに対する偏見のこと．

5) テストバッテリー

　場合によっては，アセスメントを前述のテストバッテリーによって行うこともあります．テストバッテリーでは，認知処理（思考）のスピードや言語の滑らかさなどの特定の心理機能が検査されます．そうした機能は人によって大きく違うことがわかっていて，脳の損傷や怪我によって影響を受けることもあります．これらの検査では，たとえばものの名前を言う能力や形を認識する能力，決まった時間内にものを扱う能力を測ります．時には，これらの検査の結果，「高い言語知能をもっている」「平均的なIQである」「知的障害である」など，人の心理機能の高さを分類できる具体的な数値が得られることもあります．

　臨床心理職は，ある得点のパターンが脳損傷や脳の変容を示唆しているかどうか確認するために検査結果を検討する場合もあります（臨床例はBox14参照）．さらに，臨床心理職は，その人の結果と他者の結果を比較し，稀な反応や機能不全の反応のパターンがクライアントにあるかどうかを調べます．今回の得点と以前得た得点を比較することで，介入の効果や状態の悪化が原因でクライアントの心理機能に変化があったかどうかを確認することもできます．

Box14　頭部に怪我をし，臨床心理職による評価を受けたポール

　ポールは，酒を飲んだ後，急な石段から落ちて頭に重傷の怪我をし，腕を骨折した．ポールは数日後退院した．ポールは，「身体はもう大丈夫」と話していた．しかし，ポールの恋人は，事故以来，ポールは以前のポールのようではないと感じた．ひどく短気になり，他者への思いや

りがなくなってしまったと思えた.

そこで，臨床心理職がポールに面接を行い，頭部の怪我が認知機能に与えた影響を評価した．実際，ポールが酒を飲んだ後に怪我をしたのはこれが初めてではなかったので，臨床心理職は前回得た検査得点と比較することができた．その結果，認知機能の悪化が示唆され，ポールはさらなる医学検査を受けるために病院の神経科医に再リファーされた．

6) 結果の伝達

すべての心理療法や心理的介入の実施前にアセスメントが行われます．しかし，アセスメントの後に必ず介入を行うわけではありません．場合によっては（たとえば，脳損傷の可能性や入院治療プログラムの結果を調べることが目的である場合），アセスメントだけが面接の目的であり，面接は1回だけになることもあります．アセスメントに数回のセッションが必要なこともあります．その後，アセスメントの結果が別のチームに伝えられ，そのチームが次の段階である介入を行うこともあります．

心理療法から組織改革の取り組みに至るまで，心理的介入の第一歩がアセスメントです．ただし，介入が始まってもアセスメントは終わりません．どんな問題の理解も，その時の仮のものでしかありません．時間が経過したり新しい情報が出てきたりすれば，その理解は確かなものになったり間違いだったとわかったりします．子どもが成長し発達したときや，学校や家での生活の状況が変化したときには，アセスメントを繰り返し行うべきです．

最後に，当然アセスメントは双方向で行われるものです．つまり，臨床心理職が心理的介入に対するクライアントのニーズや適性を評

価するだけではないのです．クライアント自身も問題が臨床心理職に相談するようなことか，自分がこの人とうまくやっていく姿を想像できるかどうかを評価しているのです．

3　フォーミュレーション

1）フォーミュレーションとは何か

2つ目の重要な技能は，フォーミュレーションです．これは，アセスメントと介入（すなわち，その人が支援を求めた問題に，何らかの解決策を考えて行うこと）の間で行われる，不可欠な段階です．この段階は，明確にフォーミュレーションという形では行われないこともあります．しかし，介入の方針を決める際には何らかの形でフォーミュレーションに相当する作業をしていることになります．

フォーミュレーションは，医者の診断と似ているところもあります．しかし，医者の診断は，すでにある疾患カテゴリにその人を当てはめようとするものです．それに対してフォーミュレーションは，特定の背景の中にいる人や，その状況に特徴的なモデルを構築することを目的としているという違いがあります．実際には，診断とフォーミュレーションの2つを合わせて行われることが多くあります．臨床心理職が広い範囲に対するフォーミュレーションの一部を簡単にする方法として，"**PTSD**（Post Traumatic Stress Disorder）[31]"

31）　心的外傷後ストレス障害．トラウマ的な出来事を体験・目撃し，精神的に大きな衝撃を受け，それがダメージとなって，出来事から1カ月がたった後もその体験に強い恐怖を感じる精神疾患．突然その出来事を思い出すフラッシュバックや不安・緊張が続く，めまいや頭痛，眠れないなどの症状が出てくる．その出来事を思い出したり考えたりする人やもの，場面を避けることもある．

や"**自閉症**（autism）[32]"といった診断カテゴリを使うこともあります.

フォーミュレーションは，第1講で一通り説明した"内省的科学者―実践者"モデルによるアプローチの重要な要素でもあります．アセスメントから得られた情報を出発点として，人々がなぜそのように行動したり感じたりするのか説明した理論の考え方や研究のエビデンスを使って，フォーミュレーションを作っていきます．

これらを組み合わせることで，なぜこの人（あるいは家族やチーム）がこの時期にこの問題を抱えているのかについての仮説を生成します．さらに，エビデンスから示唆される，将来的に状況を改善できそうなことについて，問題を理解するための仮説を形成します．

重要なことは，フォーミュレーションは決して完全で，正しく，すべてをカバーしたものではないということです．フォーミュレーションとは，1つの作業仮説です．したがって，クライアントの経験やクライアントの状況，特定の心理的介入に対する反応の様子など，新しい情報が得られた時にフォーミュレーションは変化します．どんなフォーミュレーションも決して"真実"ではなく完璧でもありません．

いずれにせよ，問題の枠組を作り，問題の成り立ちを理解することは，臨床心理職にとってもクライアントにとっても重要なことです．したがって様々な点で，フォーミュレーションは臨床心理職の仕事の土台となるものなのです．

---

32) 先天的な脳機能の働きの違いによって，生活に障害が出るもの．対人関係において特徴があったり，コミュニケーションもうまくいかないことがある．また，1つのものだけに興味をもつなど，行動でも特徴が出る．3歳以前から特徴が出ることが多い．

2) フォーミュレーションの作り方

フォーミュレーションの正しい作り方は，選んだ理論の枠組（第7講参照）によって変わります．認知行動療法でよく用いられるフォーミュレーションの一般的な方法として，5Pモデルがあります．

5Pモデルとは，その人の問題や状況における**素因**（predisposing factors）[33]，**誘発要因**（precipitating factors）[34]，**現出要因**（presenting factors）[35]，**維持要因**（perpetuating factors）[36]，**保護要因**（protective factors）[37]を見つけて，それらをつなげるモデルです．通常，一人ひとりのクライアントに合わせて作った図式で表されます．その図式を臨床心理職とクライアントと共有することも介入の一部となります．極端な完璧主義に苦しむクライアントに関するフォーミュレーション図式の例として図1を参照してください．

フォーミュレーションは，理論を参考にして作成されます．たとえば，認知行動療法とは別の理論に基づく**心理力動療法**（psychodynamic therapy）[38]では，現在のセラピー関係に再現される過去の感情に焦点を当てます．基本的に，心理力動療法に基づくフォーミュレーションは，苦悩が生まれる対人関係パターンに関する仮説となります．具体的には，①現在の生活状況，②幼少期の対

---

33) 特定の問題が生じやすかったり，特徴が出やすかったりする素質や環境．
34) 問題を起こすことを促すもの．
35) 現在，問題を起こしているもの．現在の刺激．
36) 問題が続いてしまう要因．一見，関係がないように見えたり，クライアントにとってよさそうに見えたりすることもある．
37) クライアントを問題から守ってくれるもの．
38) 19世紀にフロイトが理論を提唱した精神分析から始まり，意識と無意識の間のバランスがうまくいかないことにより問題が生じると考えている．

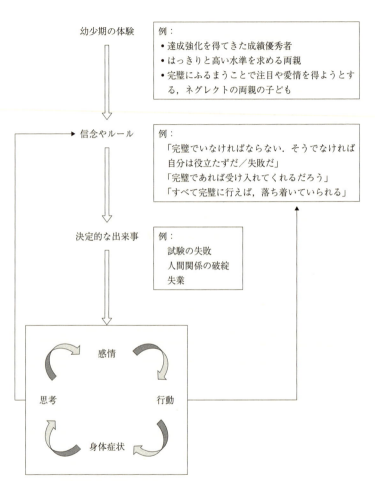

図1 極端な完璧主義に苦しむクライアントのフォーミュレーション図式

人関係，③セラピストとの関係，の3つの間にある関連を考えていきます．心理力動療法を行う人は，フォーミュレーションの図式をクライアントと積極的に共有することをほとんどしません．むしろ，フォーミュレーションの一部を言葉で伝えてクライアントの反応を観察したり，その反応を解釈したりすることで，フォーミュレーションが問題の状況に合っているのかについて検討していきます．

その他のフォーミュレーションの作成方法として，セラピストとクライアントの2人で合意する"ストーリ"，つまり**物語**（narrative）[39]を作るというものがあります．物語は書かれることもあれば，その場で話されることもあります．いずれもその人の現在の苦境や苦悩を詳しく記述し，説明するものです．そして，それらが今後どのように変わっていくかの可能性も示すことができます．

どのようなタイプのフォーミュレーションを使った場合でも，そのフォーミュレーションが，クライアントの抱える困難や，その困難の原因，維持，結果への共感的理解を示しているときに最もよく機能します．なぜならば，そのようなフォーミュレーションは，クライアントが希望をもち，よい変化の可能性が本当にあると思えるように支援できるからです．

4　介　　入

1）介入の方法

3つ目の技能は，介入です．臨床心理職は，介入に際して心理支

---

[39] 言語によって語られる行為や，語られた内容そのものを指す．ある「筋」によってまとめられる．

援のための方法と,そのための技法を選択します.方法の1つとして様々な心理療法があります.そして,クライアントと協働して,選択した方法を実行していくことになります.ここで重要な技能は,"科学を臨床実践に翻訳する能力",です.それは,対象となっている問題を解決するのに有効な方法に関するエビデンスや介入方法の理論的枠組といった知見を臨床的に活用し,実践を意味あるものにしていく技能です.

介入の方法は,フォーミュレーションとクライアントの好みに応じて選ばれます.臨床心理職は,フォーミュレーションに基づき方法を提案します.クライアントは,臨床心理職の提案を受けて自身の意見を述べ,自分にとって好ましい方法を選択します.

介入方法は,実に多種多様です.個人心理療法だけではありません.電話サポートへの紹介もあります.クライアントが病院スタッフであれば,研修会を企画することも介入方法になります.精神病院での実践であれば,クライアントの入院治療計画を調整することも介入となります.同種の問題を抱えるクライアントを**集団心理療法**(theraputic meeting)[40]へ導入することも介入方法の1つです.介入は1対1の形式で行われるものだけではありません.ケアホームのスタッフや家族メンバー,学校の先生など,関係する人々にも参加してもらう方法もあります.

---

40) 同じ問題をもつ人々が複数いるグループで,自由に話をしてもらったり,活動を行うことで,集団内の相互作用によって問題を軽減していく心理療法.

2）段階的介入

また，介入は，短期間のこともあれば，数年かかることもあります．公的サービスでは，短期間で，コストパフォーマンスの高い介入を行うことを求められます．たとえば，英国の**国民健康サービス**（national health service: NHS）[41]は，心理療法を求める人々に対して，ステップドケアと呼ばれる段階的な介入の提供を行っています．

最初の段階では，コンピュータを用いた心理療法や自己啓発本などの自分でできる方法をクライアントに紹介します．最初の段階で改善しない場合，サービスの第2段階に進みます．この段階では，回数が限定されている個別面接や集団療法で，マニュアル化された介入方法（明文化された手続きに従う心理支援）が用いられることになります．認知行動療法（第4講参照）のような，特定の心理療法を学んだセラピストによって行われます．彼らは，臨床心理職によるスーパービジョンを受けながら実践をすることになります．臨床心理職は，これらの2つの段階のサービスの計画，実施，結果の評価に関わることになります．このステップドケアの制度は，多くの人々にとって有効であるとの成果が見出されています．

しかし，より専門的な心理療法を必要とするクライアントもいます．そのため，第3段階のサービスがあります．そこでは，通常1対1の面接形式になります．第3段階で行われる心理療法では，ひとりのクライアントに合わせた個別のフォーミュレーションを作ります．ほとんどの場合，認知行動療法に代表される心理療法モデル

---

41) 英国の公的医療保健サービス．すべての国民に高水準の医療を公平に提供することが目的である．1984年設立．

に基づいてフォーミュレーションを形成し，介入します．1つの心理療法モデルだけでなく，複数のモデルを組み合わせた統合的なフォーミュレーションを構成し，介入する場合もあります．

3）介入の焦点

介入方法や介入期間の長さは，臨床心理職によってかなり違います．しかし，成人に対する専門的な心理療法の一般的な手続きは，週に1回あるいは2週に1回，それぞれ約1時間の面接となります．そして，それが6～30週続きます．子どもへの介入の場合は，対話を中心とした面談形式ではなく，遊んだり絵を描いたりする遊戯療法の形式をとることが多くなります．

対話療法であっても遊戯療法であってもいずれにしろ，介入の焦点はクライアントの悩みの解決となります．本題に入る前の雑談や世間話などは最小限にとどめます．クライアントとは，握手以上の身体接触は行わないことが一般的です．臨床心理職は面接中メモをとることが多くなります．しかし，面接終了後にメモを書く場合もあります．

クライアントは自身の経験と感情を語り，臨床心理職は積極的に語りに耳を傾けます．臨床心理職は，クライアントの語りを傾聴するとともに，問題に関する質問をしたり，問題に関するクライアントの理解とは異なる見方を提案したりします．そして，今後クライアントが状況を変化し，改善できるようにしていくための計画を話し合っていきます．

5 評　価

　介入を実施したならば，それが効果的であったかどうかを評価することが重要です．クライアントの反応を見たり，症状の変化を測定したり，クライアントからフィードバックを得たりすることで効果がどのようなものかを評価します．

　評価というのは，何らかの行動をとった結果として何が起こったかを検討することです．具体的には十分なデータを収集し，その介入が与えた影響はどのようなものかを明らかにすることが結論となります．介入効果の評価を積み重ねることで，どのような問題に対してどのような介入をした場合，どのような効果が得られた，あるいは得られなかったという評価を蓄積することで，その後の実践を改善することができます．

　日々の臨床実践における効果評価としては，クライアントや家族に状況が改善したかどうか，その理由や経過はどのようなものかを単純に尋ねるという方法があります．また，介入後に変化があるかどうか確かめるために介入前に実施した検査を，終了後にもう1度実施し，その差を評価するという方法もあります．

　臨床心理職の多くは，自分の介入を定期的に評価するとともに，クライアントにも評価に関わってもらいます．毎回の面接後に，クライアントに面接についてフィードバックをもらう方法もあります．そうすることで，今行っている介入が役に立っていない可能性，別のアプローチが必要かもしれないという可能性に早めに気がついて，介入の対象や方法や技法を変えることができるのです．

6 研究および調査

　多くの臨床心理職は，担当した面接ごとに効果をチェックするといった効果評価を行うだけではありません．個別の心理的介入の効果評価だけでなく，複数の介入を対象とした効果調査を行っています．実践活動による時間的制約があるので，大規模な効果研究はできませんが，小規模な調査研究は多くの臨床心理職が行っています．特定の介入法やサービスで得られた一連のデータの検討をすることもあります．これらの調査結果は，実践に直接フィードバックされます．その結果，より効果的な介入法やサービスには補助金が出されるようになります．逆に効果的でない介入法やサービスには資金提供がされなくなります．そして，効果的な介入法やサービスが残っていくことになります．

　研究活動に専門的に従事する臨床心理職もいます．その場合，地域の大学などの学術機関と協働して組織的に研究を進めることが多くなります．臨床的な事象や介入法に関して，様々な尺度，観察の視点，効果指標，分析法を活用して体系的に調査を進めます．研究を行うことで，ある特定の臨床的状態（たとえば自閉症）をより深く理解できるようになることがあります．また，ある特定の心理療法の効果を評価することもできます．

　たとえば，対人関係療法はアルコールを乱用している10代の若者を支援するのに有効であるか，といった効果の研究があります．心理療法の効果的プロセスはどのようなものかを研究することもできます．たとえば，臨床心理職とクライアントの関係の質が効果的プロセスにどのように関与しているのかを調査する研究があります．

さらに，そのプロセスが心理療法の効果にどのような影響を与えるのかを分析することも可能となります．

こうした研究によって，人間の機能，特に人々が苦悩しているときの機能に関する理論的な理解が発展していきます．また，これらは，応用分野としての臨床心理学の発展に影響します．それは，ひいては臨床心理職に相談をする人々の助けになります．さらに，多くの研究熱心な臨床心理職は，学術誌に研究成果を発表します．研究活動を通して，本を執筆したり，学会で論文を発表したりして，多くの人々と研究成果を共有します．そして，研究や調査の結果を広めて，社会に貢献しようとしています．

7　コンサルテーション・スーパービジョン・マネジメント

本講では，主に個々のクライアントに何をするかに焦点を当てて臨床心理職の技能を解説してきました．しかし，臨床心理職の技能は，それに限られるものではありません．アドバイスや**コンサルテーション**（consultation）[42]，スタッフへの指導／教育を行うことで，臨床心理職は組織にも働きかけることができます．たとえば，精神病院の多職種チームが最適なチームワークを実現するためのコンサルテーションを臨床心理職が担当することがあります．

スーパービジョンは，ヘルスケアや社会的ケアに関わる多くの専門集団の教育訓練においてとても重要な要素です．また，現場の臨床心理職が行っている実践をよりよいものにしていくための重要な

---

[42] 臨床心理職（コンサルタント）が他分野の専門家（コンサルティ）に対して，コンサルティの抱えるクライアントの心理的問題をより効果的に解決できるように援助すること．

要素でもあります．臨床心理職は，実際にスーパービジョンを行うだけでなく，どのようなスーパービジョンが効果的なのか研究しています．そのような活動を通し，ますますスーパービジョンに関わるようになっています．スーパービジョンを行うときに重要なポイントは，スーパービジョンの契約を正式にすること，スーパーバイザーとスーパーバイジーの関係の質にしっかり注意を払うことです．

多くの臨床心理職が，所属する組織においてマネジメントや指導的役割を担っています．他職種も含めた同僚や部下に対して，臨床的な指導者として関わることを通して，問題解決に貢献します．たとえば，スーパービジョンや情報提供を通して同僚や部下が心理的視点を取り入れて問題を考えられるように支援します．あるいは，組織そのもののアドバイザーやマネジャーの役割を果たすこともあります．臨床心理職は，熟達したコミュニケーション・スキルや他者の視点を尊重し，理解する態度をもっています．そのようなスキルや態度を活用して，組織のリーダーシップに大いに貢献できます．たとえば，会議参加，組織運営，政策決定といった組織活動においてリーダーとして能力を発揮します．

本講では，臨床心理職の"道具箱"の中身となっている技能を簡潔に紹介してきました．その中には，アセスメント，フォーミュレーション，介入，研究と評価，コンサルテーション，スーパービジョン，教育，マネジメント／指導があります．次講では，フォーミュレーションがどのように実際の介入につながるかということや，次に何をすべきか決めるのに役立つ理論を臨床心理職がどのように使っているかということを見ていきます．

第 6 講　臨床心理職の技能

第6講のまとめ

・臨床心理職は，段階に合わせて，丁寧に様々な技能を使って，目の前にいるクライアントやグループ，もしくは間接的な相手に支援を行っていく．様々な技能は教育課程で身につけて，キャリアの中で磨いていく．

〈アセスメント〉

・クライアントが抱える問題や課題を適切に徹底的に査定すること．ここでは，問題に今すぐ取り組む必要があるか，取り組む場合適切な支援は何か，適切な支援を行えるのは誰か，が評価のポイントとなる．

・アセスメントには面接や観察，心理検査法など様々な方法があるので，問題やクライアントによって適切に使い分けていく．またアセスメントは継続して何度も行う必要がある．

〈フォーミュレーション〉

・アセスメントの情報に基づいて，特定の状況や特定の人に特有のモデルを構築するもの．

・情報が更新されることでフォーミュレーションは変化し，内省的科学者―実践者アプローチが可能になる．

・理論の枠組によってもフォーミュレーションの形は違うが，クライアントの問題に共感的理解を示していることが重要である．

〈介　　入〉

・フォーミュレーションの後行われる，クライアントを支援するための様々なアプローチ方法，心理療法．複数の選択肢の中から，クライアントに合わせて選択する．クライアントと協働するもの．

・介入の形は様々であり，個人や集団，対面形式でない電話での面接方法もある．また，場合によっては，入院も選択肢としてもっておく必要がある．

・一般的な介入の流れは，成人で週1回，もしくは2週に1回，約1時間の面接の枠が，6～30週続く．子どもには遊びや描画を通して介入が行われることが多い．

〈その他〉
・介入後，効果があったかどうかを評価する必要がある．クライアントの反応や症状の変化を評価するか，もしくはクライアントから直接フィードバックをもらうこともある．定期的に介入を評価することで，介入の方向性を早期に修正することができる．
・研究や調査はより深い症状の理解，よりよいサービスの提供，効果をいかに評価するかなど，実践にフィードバックすることができる．様々なデータ収集方法，分析方法がある．研究では特に，臨床的現象や介入法について系統的になされることが多い．
・その他にも，臨床心理職が組織的な実践，社会への実践を行うために，コンサルテーションや教育，スーパービジョンの技能が必要である．
・特にスーパービジョンは，臨床心理職という専門集団の訓練や実践において重要である．どのように行うのが効果的か，スーパーバイザーやスーパーバイジーとの関係の質をよく考える必要がある．また，正式な契約を結ぶことも大事である．
・その他，コミュニケーションスキルや他者の立場を理解することも必須技能である．

第7講　臨床心理学の理論モデル

1　活動を組み立てるための枠組

　本講では，前講で概説した技能（コンピテンシー）を臨床心理職が適用する際の基盤となる理論的な考えと概念について見ていきます．

　専門職は誰しも，クライアントを理解し支援するために枠組として理論モデルを利用しています．臨床心理職は，アセスメントや介入に際して，常に次に何をすべきかを考えます．これらの枠組は，まさにその何をすべきかに関するアイデアや指針を示してくれます．それは，まるで知らない地域を訪れる際の地図のような役割を果たすものです．そのため，臨床心理職は，多様な心理学のモデルを実践に適用できるように訓練を受けることになります．

　最初に注意点を挙げることにします．理論モデルは，クライアントをどう理解し，どのように介入を組み立てていくかに関する枠組を示すという点で，臨床心理職にとって重要なものです．しかし，セラピストとクライアントの両方が有効だと信じている枠組がすでにある場合には，具体的にどのモデルを用いるかということは，クライアントにとってはそれほど重要ではないのです．もちろん，臨床心理職が目の前の問題にどのように対処するかについて明確な計画をもっていることは重要です．しかし，それだけが重要なのではありません．研究によれば，心理療法を受けている人々にとって何

よりも大事なのは，臨床心理職が親切で思いやりがあることです．臨床心理職が丁寧でありながらも頼もしく感じられること，そして現在抱えている問題についての理解を共有してくれるような支援を受けられることなのです．

　臨床心理職は，サービスの状況やクライアントの意向，研究によるエビデンス，臨床ガイドライン，そして自身の判断に応じて，ある特定のモデルを利用することになります．その際に留意してほしいのは，特定の理論モデルや技法以上に介入効果を予測するものがあるということです．それは，クライアントとセラピストとの間に十分な信頼関係があること，そしてクライアントに変わりたいという意欲があることです．これは，多くの研究結果によって明らかになっています．

　以下では，特定のモデルの例をいくつか見ていきます．そして，それらがどのような場合に有効で適切であるかについて解説します．

2　行動論モデル

　英国の臨床心理職は，メンタルヘルス問題の改善に専門職として関与し始めた初期段階から，理論モデルとして**学習理論**（principles of learning）[43]（**条件付け**（conditioning）[44]や**行動変容**（behavioural

---

43) 学習の成立に関する理論．行動療法における学習とは，経験に基づく行動の比較的永続的な変容を指す．行動療法の成立当初は，レスポンデント条件付け，オペラント条件付けと呼ばれる手続きが学習理論の骨格であった．その後，モデリング（観察学習）も行動療法の重要な学習理論として位置づけられた．
44) もともと関係がなかった刺激と反応の間に連合を形成すること．レスポンデント条件付けとオペラント条件付けが代表的である．

modification)[45]，**報酬**（rewards)[46]，シェイピング（shaping）[47]など）を用いた実践を進めています．

たとえば，1960年代や1970年代に，臨床心理職は，当時の伝統的な収容型精神病院で「**トークンエコノミー法**（token economies)[48]」の実践を開始しています．トークンエコノミー法は，長期に入院していた患者に対して，望ましい行動に報酬を与えるという新ルールを設定し，入院患者の行動変容に向けて革新的な方法を作り上げていきました．この介入は，「**選択的強化**（selective reinforcement)[49]」や「シェイピング」として知られている行動変容の原理に基づくものです．

臨床心理職は，精神病院の施設スタッフを指導し，患者が社会的活動に参加したり，新しいスキルを習得したりした場合に，報酬として商品や特典ポイントと交換することができるトークンを与えるというシステムを構築し，トークンエコノミー法を広範囲で展開しました．患者は，このような新しい刺激を得ることで，より自立した生活に向かって着実に変化していきました．

このような行動論は，行動療法の技法や実践の基盤となっていま

---

45) 一般的には行動療法とほぼ同義語として使われる．アイゼンクらによって提唱された，学習理論に基づく実験によって基礎づけられた行動変化の方法．
46) オペラント条件付けにて，行動の生起頻度を変容させるために使用される刺激．
47) 目標行動に近い行動を条件付け，徐々に目標行動に近づけていく方法．
48) 行動療法の技法の1つで，特定の行動を増加したい場合に，物品や行為と交換可能な代理貨幣（トークン）を与え，特定の行動を強化すること．
49) 新たな行動を形成したい場合に，選択基準に合致する行動のみを強化すること．選択的強化の基準を徐々に目指す行動に近づけることで新たな行動を形成することができる．

す．そして，行動療法は，恐怖症や不安など多くのメンタルヘルス問題の介入に用いられてきています（現在でも有効な方法として活用されています）．行動論では，人々がどのように物事（恐怖を含む）を学習するかを正確に理解することを重視します．

行動論に基づく研究からは，人が恐怖の対象を回避すること自体が，逆説的にその恐怖感を維持させるということが見出されました．つまり，恐怖対象を避けることで，その人は一時的な安心という報酬を得ることができるために，恐怖対象を避けることを学習してしまいます．その結果，その人は恐怖対象を避け続けるようになり，（恐怖対象に直面し，恐怖を克服するチャンスも避け続けることになり）恐怖感は維持されてしまうことになるのです（臨床例はBox15参照）．

Box15　恐怖症に対する臨床心理職の支援

バーバラはいつも犬を怖がっていた．バーバラは最近になって郊外に引っ越し，犬への恐怖心が悪化した．仕事に行くために，住民がよく犬を散歩させる公園を通らなければならなかったからである．バーバラは，非常に朝早く仕事に出かけて，かなり遅くに家に帰るという方法や，かなり遠回りをして職場に通うという方法で犬を回避しようとしていた．

臨床心理職は，彼女の犬恐怖を改善するプログラムを設定し，バーバラはそれに同意した．そのプログラムとは，まず臨床心理職が小型犬に近づきなでるのを観察する，その後バーバラ自身が小型犬に近づく，そして臨床心理職と一緒に大型犬に近づく，それからバーバラ自身が小型犬をなでるというものであった．最終的にはバーバラはひとりで元気に公園を通り，近寄ってくる犬に挨拶ができるようになり，彼女はとても喜んだ（そして臨床心理職からは心温かな祝福をもらった）．バーバラ

> はその後も「犬の愛好者」ではなかったが，不安に押しつぶされることなく仕事に出かけ，職場から帰ることができるようになった．
>
> 　軍務についている間，アブダルは軍事行為に携わっていた．民間人になった後，アブダルは騒がしい音が我慢できなくなり，そのことで社会的状況を回避し，家族と家にいるような引きこもり状態になった．アブダルの家族も関わった行動プログラムによって，アブダルは少しずつ騒々しい場所に出かける頻度を増やすことができた．そのプログラムでは，外出する時だけ"報酬"として，アブダルの大好きな姪が彼と過ごす時間を長くすることを提案したのである．このプログラムによってアブダルは騒音に馴化し，外出することが実際には害を及ぼすものではないことを学習し，また回避することは外出ほど楽しくないということも学んだのである．

　行動療法は，他にも様々な方法で適用されてきています．たとえば，知的障害をもつ子どもの社会的行動や言語の発達を促進するために用いられています．また，後天的な脳障害を受けた人々の，服の着方や自力で食べる方法といった日常生活に必要なスキルの再学習支援のプログラムが，行動療法を基盤として考案されています．

　行動療法の技法を使って他の専門職スタッフへの教育やスーパービジョンを行う臨床心理職もいます．たとえば，現在多くの保健師が，家族が幼児のトイレットトレーニングや健康的な食事習慣を育むことの支援をしています．それは，臨床心理職が行動療法や**強化**（reinforcement）[50]の原理を保健師に指導して展開している活動です．また，精神障害をもつ犯罪者を収容する精神病院では，臨床心

---

50) オペラント条件付けでは，ある結果が行動に後続することにより，将来，同様の行動の生起頻度が増加する場合の手続きを指す．

理職が病院スタッフを指導し，犯罪者が怒りのコントロールを改善できるように支援する行動プログラムを実践しています．

3　認知論モデル

1) 認知の機能

　行動療法は，前述したようにメンタルヘルスの諸領域で取り入れられて広まりました．しかし，観察できる行動にのみ注目し，認知を取り扱わなかったことによる限界が明らかとなってきました．

　認知とは，情報を知覚・思考・貯蔵し，応用すること（情報処理）を通して，また言語を使うこと（言語処理）を通して，人々が世界を理解するプロセスのことです．そのプロセスには，私たちがどのように分別を働かせているか（意思決定），学んだことをどのように覚えたり忘れたりするか（記憶），学んだ内容を系統立てたり構造化したりするか（思考・推論）といったことが含まれます．そのようなことから，臨床心理職は，人々をもっとよく理解し支援できるようになるために，認知論モデルを利用し始めたのです．

　学術的な研究によって，私たちの感覚器官は脳の内外にただ中立的に信号を送っているだけではなく，膨大な量の内的情報処理を行っていることがわかってきています．しかも，その多くは，記憶，過去の経験，期待，気分，動機づけと関連する限界や制約からの影響を受けることも明らかになっています．その結果，心理学の観点からは，私たちの認知プロセスはコンピュータに類似しているとされています．つまり，私たちは，（コンピュータのように）物事の意味を理解するための様々な"プログラム"を作り上げ，それを精密化して現実を認識するために適用して日々の活動をしているとみ

なされています.

スキーマ (schema)[51]は，そのような認知プロセスにおける"プログラム"に相当するもので，出来事を理解する方法として機能しています．私たちは物事を学習し理解する膨大な潜在能力をもっています．しかし，私たちが実際に用いるスキーマは不完全で限界があり，偏ったものです．スキーマは，その人が習得してきた短絡的な方法，自分勝手な推論，社会的な偏見，文化的特徴といったものから構成されているからです．そのため，私たちはコンピュータのように中立的に物事を処理しているわけではなく，（偏った仕方で主観的に）解釈しているのです．私たちは，少なくとも意識レベルで起こった出来事の多くを把握し，コントロールもできるすぐれた学習者ではあります．しかし，それを解釈する段階では，半ば自動的に（偏った）意味解釈をしているということがよくあるのです．

実際のところ，私たちは，常に論理的に判断しているというわけではありません．むしろ，心理的な影響を受けて活動しているために，時として様々な思考の誤りを起こす傾向があります．これには，早合点，**過度の一般化** (over-generalizing)[52]，**白黒思考** (black-and-white thinking)[53]，**破滅的思考** (catastrophic thinking)[54]（例：1つ悪いことが起こると，この先ずっとすべてだめだと決め

---

51) 経験によって形成された自己，他者，世間，未来に対する信念・態度・世界観である．自らのスキーマを通して，効率的な情報処理が行われるが，その一方で，特定の状況下で非機能的なスキーマが活性化することで，推論の誤りを経て非機能的な自動思考が生じるとされる．
52) 一度生じた（否定的な）出来事をいつも生じると考えること．
53) 一切の失敗も例外も認めることなく，二分法的に結論づけること．
54) 現実的な可能性を検討せず，否定的な予測を増大させること．

つけること）といった思考の誤りが含まれます．

　ここで重要なことは，こうした情報処理の仕方は人によって異なるということです．研究の結果，人生経験，その人独自の生活史，社会的文脈，生態的な特徴，個人の気質といった事柄の影響を受けて，一人ひとりのスキーマは異なることが明らかになっています．

2）認知療法

　このような認知心理学の研究成果は，次第に臨床心理学に応用されるようになり，認知療法が生まれました．

　認知療法の考え方は，問題を抱える人々がもつスキーマの多くが，心理的問題の中心的要因になっているというものです．ある特定の状況において，ことさらに判断の誤りを犯す傾向を示す人々がいます．そうした人々は，特にポジティブでもネガティブでもない中立的な出来事に対した場合，それを否定的な出来事あるいは望ましくない出来事とみなす傾向があります．特に，ポジティブとネガティブの区別があいまいな場合には，その傾向が強くなります．そのような人は，結果としてネガティブ思考を強め，物事をすべてネガティブに見ていく悪循環につながっていきます．

　たとえば，私が就職のための面接でうまくいかなかったと思い，気分が落ち込んでいた場合を考えてみます．私は，友達が私を励まそうと電話をかけて話をしてくれることを期待しています．しかし，その友達は電話をしてきませんでした．その際に考えられる理由はたくさんあります．「電話番号を忘れてしまった」「病気の親戚のところを訪ねるために急に出かけないといけなくなった」「電話をするのを忘れてしまった」「携帯電話を失くしてしまった」「友達は私

のことがもう好きではない」などです．しかし，私がすでに失望感を抱いているとしたら，「友達が自分のことを嫌っていることがその理由だ」と結論づける傾向が出てきます．友達に裏切られたといった過去の多くの経験がある場合には，他者からの拒絶が予想される場面でネガティブな結論に至る可能性がさらに高くなります．こうなると，不幸なことに私の気分はさらに落ち込み，すべてネガティブに見ていく悪循環に入り込んでいくことになります．

　認知療法における重要概念は，「自分自身についてどのように考えるのかが，私たちの経験のあり方を決定づけている」ということです．これと関連して，2000年以上前の哲学者**エピクテトス**[55]が著した有名な言葉に次のようなものがあります――「人は物事によって不安になるのではなく，物事に対する自分自身の見方によって不安になるのである」．

　すなわち，思考と感情は密接に結びついており，その結果，ネガティブな考え方をしていると，実際にネガティブな感情を引き起こすことになります．前述の例で言えば，私の気分を落ち込ませた原因は，「友達は私のことが好きではないのだ」という自らの思考そのものであるということになります．

　認知療法は当初，抑うつ症状のある人々に対して導入されました．しかし，今では不安，心的外傷後ストレス障害（PTSD），摂食障害，精神病を含む，多種多様な問題に活用されています．臨床心理職は，このような多様な問題を含む事例において，人々がどのよう

---

55) ストア派の哲学者．その哲学は意志の哲学であり，自己の支配能力が及ぶ意志的活動と，その権能外にある社会的なものとの区別を心得て，一切の苦悩から自由となり，心の内に平静を獲得することを勧めている．

な考え方をしているのかに注目します．そのような思考や信念が，本人が気づかないうちにどのように情緒的問題を引き起こしていくのか，あるいは情緒的問題を悪化させているのかということを探っていきます．

臨床心理職は，クライアントと協働して，クライアントの思考の根拠となっている推論や事実を明らかにし，その内容が本当に正しいのかを検討していきます．このための手法として"ソクラテス式問答法"があります．これは，クライアントに答えを教えるのではなく，自身の考え方の適切さに関して質問をすることで，クライアントがその適切さを見直し，自ら答えを見出していくことを促す方法です．この他の手法として，"思考課題"があります．これは，たとえば「他に考えられる説明が何かありますか」といった質問をし，クライアントに自身の問題についての仮説を検証するように促す手法です．

このような認知療法の実践技法を適用していくためには，様々な心理的問題を理解するためにそれぞれの問題に個別の認知モデルを発展させることが重要となります．そこで，そのような認知モデルを発展させ，それを実践場面で効果的に活用する手法を開発するための研究が重視されることになります．

3）認知行動療法

認知行動療法（Cognitive Behaviour Therapy：CBT）は，認知論モデルと行動論モデルの両方に基づいています．前者にはソクラテス式問答法や思考課題，後者には強化やシェイピングを組み合わせて用いる手法が含まれます（臨床例はBox16参照）．その他の技法

として,セラピストがクライアントを適切に誘導して新たな行動を試験的に実施させる"**行動実験**(behavioural experiment)[56]"と呼ばれる技法もあります(人前で話すことに恐怖心を抱くクライアントに設定した行動実験例について,図2を参照).

Box16　社会的状況に直面している若者を支援する臨床心理職

パヴェルは10代の若者である.彼は,人と会うことに不安を感じ,校外の懇親会等の対人交流場面を避けていた.パヴェルを担当した臨床心理職は,ソクラテス式問答法(クライアントに考えさせ,クライアントの答えを引き出すことで,クライアントに自身の問いに答えてもらおうとする手法)を用いて,同級生がパヴェルに近づいてきた時に彼が何を考えているかを検討した.パヴェルは「同級生たちは皆すごく自信にあふれていて,僕のことを退屈な奴だと思っているに違いない.僕の顔が赤くなっているのが見てわかるだろうし,彼らはそれで僕をどんな奴か判断している.それに僕のことを好きではないんだ」と答えた.

臨床心理職は,もしそれらの推論(認知)が正しいとしたら,神経質になってしまうことはよくわかると同意を示した.しかし,続けてパヴェルにそれらの推論は本当に正しいのかどうか深く検討してみようと提案した.臨床心理職は,他の人は社交的な集まりの冒頭にどのように感じているかを,学校で他の友達に尋ねてみるという実験(行動実験)を行う課題を提案した.

その結果,パヴェルは,他の人も同じように不安に思っていることがよくあり,パヴェルが赤面していることに注目してはいないことを知った.このことがパヴェルに自信を与え,他者が社交の場で近づいてきた時に,彼は以前よりも積極的に反応することができるようになった.

---

56) 特定の認知の妥当性を検証することを通して,認知の変容を進めることを目的に計画される行動的な介入法.

予　想
あなたの予想は？
何が起こると思う？
それが実際に起こるとどうしてわかるのか？

人前で話すとすごく震えてしまうので、他の人はそれに気づいて笑うだろう

その予想がどれぐらい起こると思うか評定してみましょう（0-100%）
90%

実　験
どのような実験でこの予想を確かめることができるか？（どこで・いつ）
この予想が実際に起こる可能性を下げるには，どんな安全行動が必要か？
どうなったら予想したことが本当に起こったとわかるか？

- 月曜日に行われる次回会議で話をする──ずっと提示するつもりだったいくつかのデータを提示する
- 手でジェスチャーをして，テーブルに置かないようにするとよい
- 話している時に震えていたことに気づいたか友達に聞いてみる

結　果
何が起こったか？
予想は正しかったか？

すごく緊張して手をすごく意識していた
友人はうまく話していた，震えているようには見えなかったと言っていた

わかったこと
何がわかったか？
今後あなたが予想していたことが実際に起こりそう？

話をする時緊張すると思うけれど，それは他の人の目にははっきりとはわからない

今，もともとの予想にどれくらい同意できるか評定してみましょう（0-100%）
50%

図2　行動実験のワークシートの例

認知行動療法が主に焦点を当てているのは，問題となっている症状を軽減することです．そのための方法として，クライアントに対して次の面接までの期間に，日常場面で新しい認知や行動についての練習や**ホームワーク**（homework）[57]を実施してくるように，課題を出すことがよくあります．

認知行動療法は，臨床心理学に積極的に取り入れられており，多くの問題に効果があることが調査研究によって支持されています．そのため，本書の例の多くは，臨床心理職による認知行動療法の実践を紹介するということになっています．

4　心理力動論モデル

心理力動論は，19世紀の終わりにフロイトが発展させたものです．当初，心理力動論は，臨床心理学を含めて多くのメンタルヘルス領域において非常に影響力があるモデルでした．しかし，年月が経つにつれて，心理力動論に関する考え方や実践には，大きな変化が生じてきています．今日では，クライアントに長椅子に横たわるように求めたり，夢の解釈を行ったりする伝統的なフロイトの手法を実践している臨床心理職は，ほんのわずかになっています．

このような変化はあるものの，現在において心理力動的考え方が全く軽視されてしまっているというわけではありません．研究によって様々な心理力動志向のアプローチ（特に人々の対人関係の改善を支援する，短期の焦点化された方法）の効果が支持されています．英国では，個人開業をしている臨床心理職の多くが，心理力動的な

57）　面接内で得られた成果を実生活でも適用し，検証する機会を提供する方法．

考え方に基づいた心理療法を実践しています.

心理力動論の重要な概念として,健全な心理的発達のための親密な人間関係の重要性,それと関連して愛し合いたいという人間の欲求があります.それらは,近年では他者への愛着欲求という用語で理解されており,生きていく上で生物学的にも心理学的にも非常に重要なプロセスであることが示されています.臨床心理職の活動から,初期の**愛着**（attachment）[58]に歪みがある場合（例：病気や虐待,遺棄などによって,子どもが両親を頼ることができない場合）,パーソナリティの発達やその後の心理的問題に重大な歪みを生じることが明らかになってきています.

もう1つの重要な概念は,防衛機制です.防衛機制とは,不快な感情から自分自身を守ろうとする働きです.たとえば,ポルノへの強い関心をもつ人が反ポルノ活動家となることがあります.これは,反対のことを強調することによって,ポルノに関心をもつ自身の態度を覆い隠そうとする防衛機制です（反動形成）.この他,私たちは自分自身の中にある望ましくない特性に気づかないようにして,代わりにその特性を他者に帰することがあります（投影）.また,自分の感情を本来向けるべき人とは違う人に向けてしまうこともあります（置き換え）.たとえば,上司に怒りを感じた女性が,家に帰って夫と喧嘩を始めたり,猫を蹴り始めたりするといったことが

---

58) アタッチメントとも呼ばれ,提唱者ボウルビィによると,生物個体が危機的状況に接したり,そうした危機を予知し,不安や恐怖が喚起されたときに特定の他個体にくっつく,またくっついてもらうことを通して,主観的な安全の感覚を回復・維持しようとする心理行動的な傾向,およびそれを支える神経生理学的な制御機序.

"置き換え"に相当します.あるいは,自分の力が及ばない状況に責任を転嫁することで,自分の行動の責任を否定することもあります(外化).

このように私たちは,自分自身に苦痛や脅威を及ぼす恐れのあるものを回避し,否認する方法を巧みに創出しているのです！

フロイトは,他にも重要な見解を示しています.フロイトは,人々は心理療法の中で幼少期の関係性の重要な側面をセラピストとの間で繰り返す傾向があると考えました.つまり,クライアントは,過去の権威のある人(たとえば両親など)との関わり方と似た関わり方で,現在のセラピスト(中立的な権威者)と関わっているとみなすのです.これは**転移**(transference)[59]として知られています.

セラピストは,心理療法において転移および防衛機制について解釈をクライアントに伝えます.その解釈によって,クライアントが自らの転移および防衛機制を理解し自覚できるように(つまり洞察を得られるように)なり,現在の人間関係のパターンをより健全なものにしていくことが心理力動的心理療法の目的となります.

たとえば,セラピストは「あなたが父親に支援を求めたとき,父親はあなたを侮辱しましたね.あなたがこれまで体験してきたことを考えれば,今あなたが父親から受けたのと同じような扱いを私から受けると考えるのも無理はありません」といった解釈をクライアントに伝えることになります.

---

59) クライアントが,過去の重要な他者(両親など)との間で生じた欲求,感情,葛藤,対人関係パターン等を,別の他者(多くの場合は治療者)に対して向ける非現実的態度.

5 システム論モデル

　私たちは誰しも孤立した存在ではありません．ジョン・ダン（John Donne：16〜17世紀のイングランドの詩人・作家）は，そのことを「人は誰も1つの島ではない．全体の一部である」と適切に表現しています．私たちは誰しも，家族，コミュニティ，学校，会社の一部であり，より広範な社会の一部です．

　システム論では，私たちの心理的苦痛の体験は，私たちがどのように他者と関わり，そして他者が私たちにどのように関わっているかによるところが大きいと考えます．貧困，ステレオタイプ化，人種差別などの体験といったより広範な社会的な力が，私たちのメンタルヘルスに大きな影響を与えることもあります．研究により，緊縮経済の時期にメンタルヘルスが悪化することが示されています．また，社会における不平等が心理的苦痛を大いに高めることは明らかです．

　システム論は，私たちが**自我同一性**（identity）[60]，人間関係のあり方，行動，信念の形成にあたって，私たちを取り巻く社会や組織が与える影響に焦点を当てます．したがって，システム論に基づく心理支援では，問題を抱える個人の変化を促そうとするのではなく，社会システムを変えることを目的とします．つまり，人々の互いの関わり方を変えることがシステム論に基づく心理支援の目的となります．

60）アイデンティティとも呼ばれ，エリクソンによると，時空を超えた自己の斉一性と連続性の感覚のことであり，かつ他者によっても認められ，個人と文脈との相互的な性質をもつとされる．

そこでは，問題行動を，社会から切り離された個人の問題として理解することはしません．問題を，社会や家族が抱える困難な事態の徴候や，それが顕在化したものとして理解するのです．したがって，支援は，問題となっている社会システムのあり方を変えるために，個人に対してではなく，家族，学校，コミュニティに対して介入していくことになります．

　たとえば，家族が介護用住宅への入居を勧めているにもかかわらず，それに対して苛立ちを示して拒否する"気難しい"高齢女性の問題を考えてみます．そのような場合は，その女性個人の心理支援ではなく，その家族システム全体に介入する家族療法が行われることがあります．システム論的に介入する場合，臨床心理職は，家族メンバーがその高齢女性の視点で物事を見ることができるように，まず支援をします．次に，彼女が苛立つ理由は，彼女が家族にコントロールされているという感じをもっているからであるということを，家族全員が理解できるように支援します．また，家族メンバーが心配している事柄について，高齢女性の問題以外のものも含めて詳細に聞き取ることもします．そうすることで，家族がそれ以外の深刻な問題（例：家計や住宅に関する問題）をいくつも抱えていることが明らかになることもあります．そのような場合には，高齢女性への心理的ケアを直接行うチームによる支援だけでなく，社会的なコミュニティサービスの関与も必要となります．

　家族療法によって，深刻なメンタルヘルス問題を抱える人々を支援することができることが明らかになっています．行動が不安定で，予測不能な問題行動を示す人は，日々の生活において，家族に難しい要求を出してきます．家族は，そのような要求にうまく対処でき

ずに混乱します．そのような場合には，家族に介入して，その問題行動に適切に対処できるように支援します．実は，家族がその人のネガティブな感情や行動を回避することで，問題行動を強化してしまっているということがあります．それに対しては，家族がその回避と強化の悪循環に気づき，そこから脱するのを支援します．

　たとえば，強迫性障害を示す人の家族支援について考えてみます．母親は，息子の強迫行為に巻き込まれないようにと思っていました．しかし，実際には，彼が複雑な洗浄強迫の儀式を行うことを母親が助けてしまっていました．臨床心理職は，このような家族に対して介入し，強迫行為に巻き込まれている家族システムを変えることを支援します．

　また，家族に対してのみでなく，ケアホームや病棟などの施設で働いている臨床心理職は，知らず知らずのうちに問題行動を促進している環境を変えるために，(行動論的技法と同様に)システム論的アプローチを活用します(第5講 Box12 のラモンの例参照)．たとえば，社会システムそのものが，居住者やクライアントの攻撃性，消極性，依存状態といった望ましくない行動を，気づかないまま維持促進している場合が数多くあります．

6　統合的モデル

1) 問題に即した統合的枠組

　臨床心理職は，教育課程において複数の理論モデルに関する訓練を受けることが前提となっています．しかし，実践場面においては，個別の理論モデルに基づいて介入をするのではなく，目の前のクライアントに合わせて様々な技法や概念を組み合わせて統合的に活用

することになります.

　以下の Box17 では,臨床心理職がクライアントとその家族のニーズに合わせた介入を行うことによって統合的モデルをどのように適用するのかを例示します.

Box17　幼い子どもとその里親家族を支援する臨床心理職

　ライアンとジュディの夫婦は,5歳のトムを約10カ月間里親として育てている.彼らは,トムの問題行動が心配になってきていた.当初,トムは可愛らしく,面倒を見やすい子どもだった.しかし,ここ数カ月間,自宅でのトムの行動は,行儀が悪くなり,叫んだり,罵ったりするなど,ひどく悪化してきた.ところが,トムは学校では行儀よくしており,楽しそうに過ごしていた.

　このようなトムの問題行動に対して,ライアンとジュディは,汚い言葉遣いや反抗を特に心配していた.しかも,トムは,ライアンに対してはあまり問題行動を行わず,ジュディに対してのみ問題を起こしていた.そこで,ライアンとジュディは,問題状況の改善を期待してファミリーサービスに連絡をした.というのは,トムが里親に出される前に経験してきた虐待やネグレクトに対しての心理支援を行うことで,状況の改善ができるのではと考えたからである.

　臨床心理職は,ライアンとジュディに面接を行った.さらに,家族からの同意を得た上で,トムの背景についてより詳しく情報収集するために,トムのソーシャルワーカーと話をした.ライアンとジュディの心配事を注意深く聞いていくと,確かにトムの行動のいくつかは,幼少期に受けた彼の辛い経験から理解することはできた.しかし,臨床心理職は,トムの過去の体験に介入することよりも,現在の問題行動に対するライアンとジュディの関わり方を変えることのほうが効果的であると考え,彼らにそのことを伝えた.その上で,トムの行動の改善に向けて,ライアンが適切な行動のモデルを示すことをアドバイスした.

たとえば、トムは、何かを要求する行動が適切にできなかった。そこで、ブライアンがジュディに対して、モデルとなるような適切な要求行動を行い、それを積極的にトムに見せること、そしてその後に物事を要求する際にはどのようなコミュニケーションをするのがよいのかをトムと話し合うことを勧めた。

さらに、臨床心理職は、夫婦で一緒に、里親を対象とした愛着形成の方法を学ぶグループに参加するように勧めた。それとともに、現段階でトムのトラウマ体験についての心理療法を行うことの問題点について説明をした。それは、トムに直接的に介入を行う外部の専門セラピストを導入した場合、ジュディの養育者としての権威を下げてしまう危険性があること、さらにジュディとトムの健全な関係性や愛着の形成を妨げる可能性があるということである。ライアンは勧められたサポートグループに参加することはできなかったが、ジュディは参加することができた。ジュディはそこで、食事時間を共有するなど、家族関係を改善する新しい方略を学ぶことができた。数週間後のフォローアップ面接の際に、ライアンとジュディは、トムとジュディの関係が改善し、トムの問題行動もかなり減少したことを報告した。

2) マインドフルネス認知療法

近年、様々なモデルや概念の重要な要素を体系的に組み合わせた統合的心理療法が多様に発展してきています。たとえば、東洋哲学の思想を認知療法に組み込み、瞑想と**マインドフルネス**（mindfulness）[61]実践を統合した、マインドフルネス認知療法（Mindfulness-Based Cognitive Therapy：MBCT）が創出されました。

マインドフルネス認知療法の目的は、クライアントが延々と否定

---

61) 仏教や禅の考えに基づき、意識的に、判断せずに、あるがままに注意を今この瞬間に向ける心理的過程やそのことで得られる気づき。

的考えを反芻する"考え込み"プロセスを減少させることです．クライアントは，完全に安心できる状態を求めるあまり，いろいろなことを絶え間なく心配する考え込みのプロセスに陥ります．結局，考え込みは不安を煽り，心配を増大させてしまうのです．そこで，考え込みを減少させることが重要になります．

マインドフルネス認知療法は，考えは単なる考えに過ぎないとクライアントに教えます．つまり，否定的な考えは否定的に考えるからそうなるだけとみなすのです．不安，心配，考え込みといった事態は，単に否定的に考えているからそうなっているだけに過ぎないということになります．そして，そのような考えが厄介な問題になるのは，その考えに敢えて注目し，無理に変化させようとするからであるとみなします．

したがって，マインドフルネス認知療法では，クライアントが自らの考えをそのまま受け入れ，あるがままに観察できるようになれば，楽に過ごすことができるようになると考えます．自らの考えを受容し客観的に観察できるようになれば，過去の出来事を後悔したり将来のことを心配したりして自らの否定的な考えにこだわることがなくなります．そうすることで現在を大切にして生きられるようになるというのが，マインドフルネス認知療法の理論的枠組です．

3）アクセプタンス＆コミットメントセラピー

もう1つの統合的心理療法の例として，アクセプタンス＆コミットメントセラピー（Acceptance and Commitment Therapy: ACT）があります．

アクセプタンス＆コミットメントセラピーは，心理的に柔軟にな

るために，アクセプタンスとマインドフルネスの原理を行動変容の方略に組み込んでいます（臨床例は Box18 参照）．認知行動療法では，辛い感情や思考を取り除こうとしたり，コントロールしようとしたりします．一方，アクセプタンス＆コミットメントセラピーでは，それらを取り除こうとしたりコントロールしようとしたりはしません．むしろ，感情や思考に単に"気づき"，それらに基づいて行動しないようにする方法を習得していきます．そして，辛い感情や思考が引き起こされる状況を回避せずに，本来の自分にとって最も重要なものを判断する自分自身の価値観に"近づき"，行動に移していくことを重視します．すなわち，自分自身の価値観にしたがって目標を設定していくのです．

Box18　不妊の夫婦に対する臨床心理職の支援

　ビアンカは不妊治療に何度も失敗してきたが，治療から生じるストレスに対しては適応的に対応してきていた．しかし，この1年間で状況がひどく悪化してきてしまっていた．経済的な負担に加えて，ビアンカの義理の妹が出産したからである．その結果，ビアンカは義理の妹のもとを訪ねたり，幼い子どものいる友人に会ったりすることがますます苦痛になっていた．そして，不妊によるストレスや怒りが大きくなり，ビアンカとアロンの夫婦関係に無理が生じてきた．

　臨床心理職のところに来談した夫妻は，自分たちの生活が不妊治療に翻弄され，先に進めない中途半端な状態になっていると語った．夫のアロンは，自分たちの性的関係は，かつては情熱的で自然に起こってきていた．しかし，今ではタイミングを合わせて行っており，性行為がストレスとなり，もはやプレッシャーに代わってしまったと話した．

　このような事態に対して，臨床心理職は，アクセプタンス＆コミットメントセラピーの原理を用いて，夫妻が少しずつ失望感，喪失感，不満

足感を認め，受け入れられるように支援した．彼らは，妊娠できないことに関して，批判的で否定的な考え方をしていた．そこで，そのような自己批判的な考え方を，そのまま観察することができるように支援した．そして，そのことは本当に批判に値することなのかを客観的に検討した．その結果，自己否定的な思考は減じていった．

　当初，ビアンカはアクセプタンスの概念を受け入れられず，困惑した．しかし，時間が経つにつれ，徐々にビアンカは苦悩を受容（アクセプト）するということは，親になることをあきらめるわけではないことを理解した．そして，受容することを通して，回避せずに考え，感情を抱えることができるということがわかった．また，彼らは，自分たちが親になることにどのような価値を置いていたかを見直した．その結果，夫妻は，治療の継続から養子縁組あるいは代理母まで，選択肢を具体的に検討することができるようになった．

4）認知分析療法

　最後に，英国ではよく知られる統合的心理療法として，認知分析療法（Cognitive Analytic Therapy：CAT）を紹介します．認知分析療法は，認知行動的アプローチと心理力動的考え方とシステム論の発想を組み合わせたものです．

　認知分析療法は，人間を最も適切に理解するためには，人間関係パターンや相互的な行動パターンの観点を取り入れることが重要であると考えます．認知分析療法におけるパターンは，幼少期に形成され，現在の多くの状況で繰り返されるものです．このパターンが，私たちにとって役に立つ時もあります．たとえば，誰かが悲しんでいる時，母親が自分にしてくれたように，その人に優しくします．自分が悲しい時には自分自身にも優しくします．そのような時は，パターンが役立ちます．

しかし，こうしたパターンが役に立たない場合もあります．たとえば，誰かが悲しんでいる時，子どもの時に自分がからかわれたのと同じようにその人をからかうことがあります．自分が悲しい時にも自分自身を非難するといったことも生じます．このような場合に心理的な問題が生じてきます．

　認知分析療法では，心理的問題は発達早期における困難事態への対処の仕方に由来するとみなします．その対処の仕方は，以前は役立つものであったと思われます．しかし，現在では，もはや効果がなかったり，ひどい時には害を及ぼしたりするものになっています．それにもかかわらず，そのパターンは習慣化しており，変えるのが非常に難しくなっています．

　臨床心理職とクライアントは協働して，これらのパターンについてのフォーミュレーションを作成します．そして，クライアントが今までとは異なる，より健全なパターンを構築できる方法を検討していきます．さらに，クライアントは心理療法という専門的で安全な関係の中で，セラピストに対してそれまでとは異なる関わり方を試し，新たな関係パターンを形成します（Box19の臨床例参照）．

Box19　新たな方法で人と関わる支援をする臨床心理職

　心理療法を受ける中でリジーは，子どもの時にいつも劣等感を抱えていたと，担当の臨床心理職に語った．続けてリジーは，女優としてエネルギッシュに活動していたが，感情的に不安定であった母親に対して，恐れや怒りを感じていたとも語った．また，子どもの時，母親から愛されるためには，母親を慰めなければならないとも感じていたとのことであった．

第 7 講 臨床心理学の理論モデル

> 臨床心理職は，セラピストとしてリジーとの心理療法を進める中で，彼女の恋愛はいつもうまくいっていないことに気づいた．恋愛関係において，リジーは自分の要求を二の次に考え，パートナーの要求ばかりを優先していた．その結果，パートナーが自分への気遣いをしないことに強い怒りを感じ，その怒りを抑えきれずに感情を爆発させることが定期的に起きていた．その後，リジーは，涙ぐんでパートナーに謝罪し，自らを卑下することで関係を修復しようとしていた．
>
> さらに，臨床心理職は，心理療法の面接の中で，リジーが"望ましく正しい"発言やふるまいをしようとしていることに気づいた．それとともに，（彼女がパートナーに感じたのに似た）"憤り"を臨床心理職に対して感じ，時として予約の時間に来ないことがあることに気がついた．心理療法では，そのようなパターンを見つけ，その見直しを行うこととなった．彼女は，心理療法における臨床心理職との関係を見直し，新たな関係を形成することを試みた．それとともに面接外の日常生活においても，新たな人間関係のパターンを形成することに積極的にチャレンジをするようになった．

　本講では，臨床心理職が日々の実践で用いる主なモデルや心理療法アプローチについて概説してきました．次講では，臨床心理職であるということは実際にはどういうことなのかについて，臨床心理職が実践の場で通常経験する課題や仕事はどのようなものであるかについて説明していきます．

第7講のまとめ

〈活動を組み立てる枠組〉
・理論モデルは，活動を組み立てる枠組として，介入に関するアイデアや指針を示す役割を果たすため，臨床心理職にとって重要である．臨床心理職は多様な心理学の枠組を実践に適用できるように訓練を受けることになる．
・注意点として，臨床心理職とクライアントの両方が有効だと信じている枠組がすでにあれば，どのモデルが用いられるかということは，治療関係とクライアントの意欲ほど重要ではない．
・サービスの状況，クライアントの意向，研究によるエビデンス，臨床ガイドラインにより判断され，特定のモデルが利用される．

〈行動論モデル〉
・行動論モデルでは，メンタルヘルス問題の改善に臨床心理学が関与し始めた初期段階から，理論的枠組として学習理論（条件づけや行動変容，報酬，シェイピングなど）を用いた実践が進められてきた．
・行動論が行動療法の技法や実践の根拠となっている．行動療法は，恐怖症や不安など多くのメンタルヘルス問題の介入に用いられてきている．
・人々がどのように物事（恐怖を含む）を学習するかを正確に理解することを重視する．

〈認知論モデル〉
・認知論モデルは，行動療法が認知を取り扱わなかったことによる限界が明らかになることで広まった．スキーマ（出来事を理解するためのプログラム）を心理的問題の中心的要因とする．
・当初，抑うつ症状のある人々に対して導入されたが，現在は多種多様な問題を対象にする．
・クライアントの思考の根拠となる推論や事実を明らかにし，その内容が本当に正しいのかを検討するソクラテス式問答法，思考課題の技法がある．
・認知行動療法では，それらの技法に加え，行動論の方法である行動

実験やホームワークの実施が行われる．

〈心理力動論モデル〉
・心理力動論モデルは，19世紀終わりにフロイトが発展させたものである．当時は非常に影響力があるモデルであったが，今日伝統的な手法を実践している臨床心理職はわずかである．
・ただし，愛着，防衛機制，転移は，重要な概念である．クライアントが洞察を得られるよう解釈を伝え，現在の人間関係のパターンをより健全なものにしていくことを目的とする．

〈システム論モデル〉
・システム論は，心理的苦痛の体験は，どのように他者と関わっているかによるところが大きいと考え，社会や組織が個人に与える影響に焦点を当てる．
・支援は，問題となっている社会システムのあり方を変えるため，個人に対してではなく，家族，学校，コミュニティに対して介入していく．
・家族療法によって，深刻なメンタルヘルスの問題を抱える人々を支援することができることが明らかになってきている．

〈統合的モデル〉
・実践場面では，個別の理論モデルに基づいて介入をするのではなく，目の前のクライントに合わせて様々な技法や概念を組み合わせて統合的に活用する．
・マインドフルネス認知療法（MBCT）は，東洋哲学の思想を認知療法に組み込み，瞑想とマインドフルネス実践を統合したものである．
・アクセプタンス＆コミットメントセラピー（ACT）は，心理的に柔軟になるために，アクセプタンスとマインドフルネスの原理を，行動変容の方略に組み込んだものである．
・認知分析療法（CAT）は，英国ではよく知られる統合的心理療法で，認知行動的なアプローチと心理力動的な考え方とシステム論の発想を組み合わせたものである．

第8講 臨床心理職として働くために（1）

1 臨床心理職という仕事を選ぶ

1）臨床心理職を仕事として選択する理由

あなたは，どのような仕事に魅力や価値を感じますか．たとえば，ビジネスでお金を儲けたり，子どもにスポーツを教えたりする"仕事"をやりがいがあると思う人は比較的多いのではないでしょうか．あるいは，おしゃれな服や建物をデザインすることにわくわくするような魅力を感じる人もいるでしょう．

それに対して，臨床心理職として働くということは，そのような仕事ではなく，他人の辛い話を聴いたり心の葛藤を理解したりすることを"仕事"として選ぶということです．そのような人は，一体どのような理由から臨床心理職という仕事を選択するのでしょうか．

多くの臨床心理職は，なぜその仕事を選んだのかという質問に対して，「（特に不利な境遇に置かれ，苦しい立場にある）人がより充実した生活を送ることができるように支援をしたいという，抗し難い思いがあるからだ」と答えるでしょう．それとともに「人間のあり方の多様性を認め，自らの生活を意味あるものにしたいという気持ちを尊重することを大切にしたいとの思いも強い」と付け加えるでしょう．

さらに，臨床心理職を選ぶ理由として，「人間の心理に強い関心

があり，人間の行動や感情をもっと深く理解することに強く惹かれる」ということも挙げるでしょう．実際，人間の心理については，わかっていないことは非常に多くあります．

たとえば，臨床心理職は，「人々はどうしてそのような気持ちになるのか」「自分を不幸にする行動を繰り返し続ける人がいるのはなぜなのか」「困難を抱える子どもを支援する最もよい方法は何か」「トラウマや虐待を経験した人々を支援するために何ができるのか」「なぜ死に至るまで食事をしないのか，あるいはなぜ死に至るまで過度の飲酒をするのか」「クライアントが問題解決に向けてより健全な対処法を獲得するために何ができるか」といった疑問に日々取り組んでいます．

2）人間への関心

人間の複雑さと，そこから生じる困難に向き合い，問題を解決することに知的好奇心を感じる臨床心理職もいます．人は，多様な課題を抱え，多面的な経験をしています．しかも，そのような状態に至る動機は複雑で一筋縄ではありません．様々な考えや感情が絡み合い，重なり合っています．したがって，そのような複雑な人間の問題を理解するためには，様々な局面，意味，理由を積極的に探っていかなければなりません．著者たちのスーパーバイザーは，かつて「複雑であることがこの仕事の魅力なのだ」と語っていました．彼は，臨床心理職の仕事を「これで決まりといった答えがなく，常にあいまいな状態が続くパズルのようなもの」と表現していました．

クライアントが語る話題や問題に耳を傾け，その個人的な体験を聴くことに意味を見出し，そこに働くことの喜びを感じる臨床心理

職もいます．そのような臨床心理職は，クライアントと深く関わり，親しく信頼し合える関係を築き，その人固有の人生観を知り，それを尊重できるようになることに仕事の価値を置きます．他者の人生に深く関わらせてもらえるのは，確かにとても光栄なことです．臨床心理職は，クライアントに信頼してもらえた時に大変な名誉を感じます．クライアントは，臨床心理職を信じて心を開き，心の内の恐怖感や恥の体験を含め，自らの傷つきやすい側面を語ります．

さらに，多くのクライアントの困難に直面する勇気や回復力（レジリエンス）を知ることで，臨床心理職は大いに励まされます．クライアントが人生の中で辛いトラウマや大きな困難に直面している場合や，それらを乗り越えてきた場合には，特にそのような励ましを得ることができます．

一方で，自分自身の個人的な体験を通して，臨床心理学に関心をもつ人もいます．たとえば，家族の誰かが精神疾患や心理的問題を抱えていたり，早くから複雑な世界を理解しなければならなかったりした人々がこれに当たります．心理療法のクライアントになった体験や個人的に問題を抱えた経験の結果，その専門的職業を目指すようになったという人もいるでしょう．あるいは，自分自身や身近な人をもっと深く知りたいという気持ちから，臨床心理学への関心が生じたという人もいることと思います．

3) 臨床心理職の働き方の魅力

多くの臨床心理職にとって，その役割や働き方の多様さが仕事の魅力となっています．それは，科学と理論と臨床実践を1つの専門的職業に統合するのを，刺激的な試みと感じることにつながります．

では，科学と理論と実践の統合とはどういうことでしょうか．これは，実践現場で臨床心理職としてクライアントと親しい関係を築きながら，科学や理論から得られる知見を利用して問題解決にあたることです．これは簡単なことではありません．しかし，チャレンジする価値のある魅力的な課題です．このように，臨床心理職は，実践者，研究者，教育者，指導者（スーパーバイザー），チームリーダー，スーパーバイジーといった様々な役割を担っています．このような多様性こそが臨床心理職の魅力なのです．

　しかし，当然すべての人にとって臨床心理学が魅力的というわけではありません．教えたりアドバイスをしたりすることが好きなら，監督や教師になるほうがよいでしょう．また，主に**セラピスト**（therapist）[62]になりたいのであれば，**カウンセリング**（counselling）[63]や特定の**心理療法**（therapeutic model）[64]モデルの訓練を受けたほうが短期間で済むでしょう．社会的地位を得ること（常に「先生」と呼ばれるなど）が重要なら，医師として働くほうが向いているでしょう．論理性や"真実"を重要視するなら，司法や警察関連の仕事に進んだほうがよいでしょう．なぜなら，臨床心理職が関わる人々の取る言動や，そのような場面で表出される感情は，混乱しており，決して論理的なものではないからです．

---

62) 事例を，既存の学派の理論に基づき理解し，その理論に基づき実践を行おうとする人々のこと．本来は，私的な研究所での長期間の訓練が必要となる．
63) 教育学部に属し，ロジャースが提唱した人間性を重視する活動として，比較的健康度の高い人に向けた援助を行う人々．専門性よりも人間性が重視され，学校・医療・福祉分野で働く．
64) 特定の心理学の学派がもつ理論を信奉し，その理論に基づく事例の理解・実践を行う事．

第8講 臨床心理職として働くために (1)

さらに,お金を稼ぎたいなら,金融や弁護士関連の領域で働いたほうがよいでしょう.なぜなら,臨床心理職は,金銭的にそれほど豊かに暮らせるというわけではないからです.通常は30歳になるくらいまでは研修給付金やローンで生活し,その後に公的なサービス機関に就職することになります.臨床心理職の勤務する機関の賃金や労働条件は様々です.個人開業をすることもありますが,その場合には,自営の不安定さに加えて,オフィスや保険やスーパーバイザー,業務サポートを自分で探すことも必要になります.

ひとりの人間としての側面で見ると,臨床心理職の仕事はとても取り組む課題の多い仕事です.なぜならば臨床心理職は,常に自らの実践について内省するとともに,クライアントや同僚からのフィードバックを取り入れて自らを発展させていく必要があるからです.辛い感情に耐えねばならない時もあります.クライアントの中には,臨床心理職がその人のために費やした時間や努力に感謝などしないような人もいます.クライアントは,最悪の状態の時に臨床心理職に連絡をしてくるものです.たとえば,感情をコントロールできない時や,あるいは今にも人間関係が崩れてしまいそうな時です.したがって,クライアントは,臨床心理職の気持ちや希望を考慮することは難しいのです.時に,クライアントは日々感じている様々な怒りを臨床心理職に向けることもあります.

私たち臨床心理職の多くにとって,臨床心理職であるということは単なる生活の手段としての仕事でないことは明らかです.実際に,人並の生活を得るためだけなら,もっと簡単な仕事は他にもたくさんあります.多くの点で,臨床心理職であるということは"生き方"なのです.誰かを助けたいという深い気持ちをもつことであり,人

への愛情と関わることなのです．そして，人々が抱える困難や体験，傷つきやすさ，多様性に対して関心をもち，苦難を抱えるクライアントと協働して問題解決に日々取り組むことから，知的情緒的な満足を得ることができる"生き方"が，臨床心理職の基本にあります．

2 臨床心理職資格を得るための教育訓練課程

臨床心理職の訓練課程や資格取得の条件は，各国によって異なっています．しかし，必ず学術研究，教育的要件，臨床経験が組み合わされています（図3参照）．ほとんどの場合，教育訓練では，まず大学の学部で心理学の教育を受けます．その後に，クライアントに対する臨床的な実践経験を相当量積むことを前提として3年から6年間の博士課程の大学院プログラムが続きます．

米国の臨床心理学では，博士課程の訓練プログラムには2種類あります．第1に，研究を重要視する PhD (doctor of philosophy)[65] 博士課程プログラムがあります．これは，通常大学で行われるものです．第2に，PsyD (doctor of psychology)[66] 博士課程プログラムがあります．これは，心理療法の実践を重要視するプログラムで，私立大学や専門職大学院で行われていることが多くなります．どちらのプログラムも5年間の，（働きながら大学に通う）パートタイム就学が前提となります．学費は，自己資金での支払いが求められます．つまり，たいていの学生が，多額の学生ローンを組んでいま

---

65) 哲学博士．英語圏で授与されている博士号水準の学位である．伝統4学部のうち職業教育系の神学・法学・医学を除いた「哲学部（ないし教養部）」のリベラル・アーツ系の学位である．
66) 心理学博士．

第 8 講　臨床心理職として働くために (1)

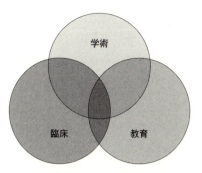

図3　臨床心理学の訓練の3側面

す．教育課程全体で10万ドル（1100万円相当）かそれ以上の借金を負うこともよくあります．

　英国では，臨床心理職博士課程（**DClinPsych**（doctor of clinical psychology）[67]）の修了が前提となります．臨床心理職博士課程とは実践職のための博士号であり，臨床的要素・学術研究要素・教育的要素が組み合わさったものです．米国とは対照的に，この課程は通常3年間のフルタイムの大学プログラムです．国民保健サービス（National Health Service：NHS）内に本部があります．研修生は，週に3日ないし4日，国民保健サービスの機関で臨床実践を行います．その臨床実践に対して給与が支払われ，それを教育的訓練や学術的訓練の学費に充当できます．なお，米国では「学生（student）」，英国では「研修生（trainee）」という用語が一般的に用いられています．

　米国や英国，それにカナダ等を含む多くの西洋諸国では，臨床心

---

[67]　臨床心理学博士．

理学の実践に免許や資格登録が必要です．多くの国で，「臨床心理職」という肩書は，大学院教育を修了した専門職に限られています．肩書を得るためには，所属する地域で認定を受け，特定の職業団体に登録されなければなりません．肩書を得るためには，それぞれの国や州で共通して，3つの要件があります．その3つとは，(国や地域に) 認可された教育プログラムの学位を有していること，一定数のスーパービジョンを受けた臨床経験があること，試験に合格すること，です．

3 大学院課程のテーマ

1) 学術的 (科学的) 技能の習得

臨床心理学の大学院プログラムは，その関心領域は個々の大学や大学教員によって異なりますが，いずれの場合もすべて Box20 に示した科目を取り扱っていることが期待されます．

Box20　一般的な臨床心理学の大学院プログラム

- 臨床的なコミュニケーション
- 一般的なカウンセリング技能
- アセスメント技能とフォーミュレーション技能
- 量的／質的研究の方法と技法
- 心理療法の理論 (例：認知療法，認知行動療法)
- 精神病理学 (例：パーソナリティ障害，精神病，不安，抑うつ)
- 物質乱用
- トラウマ，ストレス，レジリエンス
- 臨床健康心理学
- 生涯発達の視点，子どもおよび大人の発達

> ・家族心理学および児童心理学
> ・コミュニティ心理学
> ・法心理学
> ・プログラム／サービスの評価
> ・職業倫理
> ・文化的意識および社会的意識
> ・スーパービジョン，コンサルテーション，教育

　大学院での講義の大半は大学教員が実施し，残りは大学外の実践者や研究者がゲスト講義で補っています．現場で働く経験豊富な上級臨床心理職の多くは，彼らが働く地域にある大学院での臨床心理職教育に携わっています．彼らは，次世代の臨床心理職を育成することへの情熱を共有しており，喜んで大学院教育に携わります．

　このような機会において研修生は，その分野における地域の実践者に数多く出会うことができます．その出会いを元に，専門的なネットワークを徐々に築いていきます．そして実際に，様々なアプローチや働き方を体験する中で，多様なサービスや働き方の可能性があることを理解します．教育の形式には，講義をはじめ，ワークショップ，参加型コース，ロールプレイ，内省グループなどがあり，体験型な学習を受けることができます．

　大学院では，単に臨床実践の技法訓練だけでなく，学術的な教育訓練も受けます．学術的教育訓練の課題には，文章作成能力に関する継続的評価，数多くの事例報告，事例の概念化，アセスメントとそれに基づく介入計画，論文執筆，文献レビュー，小規模の研究プロジェクト企画等々があります．博士課程プログラムでは，個別にオリジナルな実証研究プロジェクトを立ち上げ，その成果を論文に

することが求められます.

博士課程プログラムの核となる博士論文とは,多くの執筆時間を要するものです.まず文献レビューから始まります.次にリサーチクエスチョンを設定します.そして研究の指導教員を確保し,研究企画を発展させて適切な研究計画を立てます.倫理審査の承認を取得し,研究協力者を募り,データを収集し,分析し,その結果の詳細な検討をします.さらに,その成果を論文化し,専門誌に投稿し,掲載されるまでに論文のレベルを上げていきます.最後に,博士論文としてまとめ,その分野の専門知識をもつ上級の研究者から構成される論文審査委員会で発表します.

ただし,大学院での教育訓練でやるべきことは論文執筆だけではありません.実際の,臨床心理職の訓練課程の学生の1週間を見てみましょう.まず,第1に,事例報告や研究レポートの作成,文献レビュー,研究プロジェクトの実施など,論文という学術的な要件を満たすための活動があります.そして週3日ないし4日臨床的な業務を行い,さらには週1日から2日は大学院の講義に出席することが必要です.これだけではありません.夕方や週末の大半は,文献を読むこと,学術的な執筆作業をすること,臨床業務の準備をすることに費やすことになります.このように課題は盛りだくさんです.したがって,臨床心理職の教育訓練にはタフな精神が必要なのです!

2) 実践的(臨床的)技能の習得

臨床心理学大学院において研修,実習,インターンシップといった名称で呼ばれる科目では,いずれもスーパーバイズを受けながら

の臨床経験を含むことが前提となります．

　米国では，心理学のポストドクターおよびインターンシップセンター協会（Association of Psychology Postdoctoral and Internship Centers：APPIC）が，公式のインターンシップ施設を認定し，監督しています．学生は，その認定インターンシップ施設の中から，自らが習得したい支援サービスの方法や，支援対象としたいクライアント集団に即して施設を選びます．そして，自分自身でインターンシップ申請の連絡をします．つまり，インターンシップに申し込むにあたって，学生は手間のかかる手続き（添え状や履歴書の記入，面接など）を自分で行わなければなりません．しかも，選抜があるので，それに通らなければ自分が望む施設で仕事ができないのです．

　このように米国のインターンシップでは，時に面倒で心理的に辛い経験をすることになります．しかし，そのような経験は，学生が特定分野に関する専門知識を得るのには役立ちます．また，その後の（資格取得後に仕事を探す際などの）資格申請等の申し込み手続きの予行練習ともなります．

　対照的に英国やヨーロッパ諸国の臨床心理学の訓練プログラムでは，インターンシップや実習科目は博士課程のプログラムに組み込まれていることが多くなっています．そのため研修生は，地域でのサービスの提供要請や研修生の専門的ニーズに応じ，様々な地域サービスに割り当てられます．研修生は，研修する施設，対象となるクライアント集団，参加するサービス，指導を受けるスーパーバイザーに関して，自分の希望で選択する機会はほとんどありません．

　このように英国では，研修生に選択権はほとんどありません．そのため，研修生は大学から離れた施設に時間をかけて通勤する必要

も出てきます.しかし,研修の場が自動的に割り当てられることで,申し込み手続きに手を煩わされることもないのです.また,研修生が割り当てられる研修の場として,子ども,成人,高齢者,学習障害を抱える人々などを対象とする様々な施設が提供されます.研修生は,一定期間をかけて1つの施設に通い,次の機関は別の施設に移るというローテーションをすることで,大学院課程において幅広い専門領域の臨床経験を身につけることができます.

4　試験および登録

すべての臨床心理学のプログラムでは,学生/研修生の評価が行われます.それは,学生/研修生の専門的な知識や技能が一定のレベルに到達しているのか,人々に安全にサービスを提供できる状態になっているのかを確認するためです.たとえば,英国では,心理専門職試験（Examination for the Professional Practice of Psychology: EPPP）のような,標準化された公的な筆記試験を用いるプログラムを適用しています.これらの試験では,受験者の知識や実践,応用力に関する総合的な評価がなされます.国,州,訓練プログラムによって内容は異なりますが,ほとんどの場合,口頭試験（面接やプレゼンテーション）と筆記試験の両方が含まれます.専門職になるために試験を実施することについては誰もが納得しています.試験は,市民を守り（サービスの）水準を維持するには,必要なものであると理解しているからです.このような試験に合格して臨床心理職として登録されることになります.

第 8 講　臨床心理職として働くために（1）

第 8 講のまとめ

・臨床心理職をなぜ志すのだろうか？　他者の支援をしたいという強い気持ち，人間の心理・行動・感情を理解したいという知的好奇心，自分の個人的体験を通した関心，実践において科学・理論との統合をなしていくことへの興味，などがその動機として挙げられる．

・しかし，臨床心理職の実際の仕事はとても大変なものである．常に自らの実践についての絶え間ない内省が必要であり，クライアントや同僚からのフィードバックを受けて自らを発展させていく必要もある．また，時には辛い感情に耐えねばならないこともある．

・この大変さを知ってなお，この道を選ぶ目的は何なのだろうか．誰かを助けたいという深い気持ち，人々への愛情，人々が抱える問題への関心，実践を行うことを通した満足感が挙げられる．

・臨床心理学の訓練には，必ず学術研究，教育的要件，臨床経験が組み合わされている．

・米国の臨床心理職の訓練プログラムとしては，PhD と PsyD がある．英国で臨床心理職になるには，DClinPsych の修了を要する．

・米，英，カナダを含む多くの国で，「臨床心理職」になるための 3 つの共通要件がある．第 1 に（国や地域に）認可された教育プログラムの学位を有していること，第 2 にスーパービジョンを受けた経験があること，第 3 に試験に合格することが挙げられる．

・博士課程の訓練は非常にハードなものと言える．論文執筆に加え，文献レビューや研究プロジェクトの実施，および臨床的業務，さらには授業への出席が求められる．つまり，臨床心理職の教育訓練にはタフな精神が必要である．

・臨床心理学の博士課程の訓練プログラムには，インターンシップが含まれる．インターンシップ制度は米国，英国で異なるものであり，それぞれ長所・短所がある．

・臨床心理学のプログラムでは，学生／研修生の評価が行われる．通常，口頭試験（面接やプレゼンテーション）と筆記試験の両方が含まれる．

第9講　臨床心理職として働くために（2）

1　専門的内省の場としてのスーパービジョン

1）スーパービジョンの目的

　臨床心理職は，科学者―実践者になるために訓練を受けているのではありません．内省的科学者―実践者であるために訓練を受けているのです．第1講で述べたように，"内省的"というのは，様々なクライアントと彼らの家族のニーズ，要望，ものの見方を考慮した上で，それぞれの人にどのようなアプローチをするのが最も効果的であるのかを見極めることを目指します．

　日常生活の中で内省的になることであれば，一見簡単なように思えるかもしれません．しかし，訓練での内省とはさらに高度なものです．訓練における内省では，スーパービジョンを受けながら，臨床実践に徐々に科学的見方を組み込んでいくことを求められます．

　スーパービジョンのセッションとは，およそ1時間，通常2回以上継続して行われる，定期的な専門職による面接です．事例，あるいはスーパーバイジーが課題として提示した事柄について議論します．研修生は，研修生同士で行う通常のグループスーパービジョンに加えて，大学や地域の臨床サービス機関で働く上級の臨床心理職からの個別スーパービジョンも受ける必要があります．

　スーパービジョンの目的は，スーパーバイジーに成長的経験や規

範的経験,回復的経験を提供することです.スーパービジョンとは,第1にクライアントへの実践を共に振り返ることで,臨床技能の学習や発展を促すものです(成長的).第2に,特定の組織のガイドラインに沿って,ケースの運営方法や介入効果,倫理的問題を見つめる機会を提供するものです(規範的).第3に,スーパーバイジーが実践から受けた情緒的影響を探り,ダメージがあればそこからの回復をサポートするものです(回復的).訓練中の場合には,第4の目的が含まれます.それはスーパーバイジーの能力の評価です.

2) スーパービジョンの経験の意味

スーパービジョンは,訓練期間に限ったものではありません.多くの臨床心理職が,専門職としてのキャリアが発展するのに応じて,自らの臨床や研究に対するスーパービジョンを受け続けています.専門資格をもった臨床心理職のスーパービジョンと研修生のスーパービジョンの違いは,主にその頻度です.研修生は,臨床心理職に比較して,ケースの実施に対応して,より多くの頻度できめ細やかなスーパービジョンを受けることになります.

うまく行っている場合には,スーパービジョンはすばらしい学びの場となります.そして,その学びの中で,スーパーバイジーは,経験豊富な臨床心理職や研究者がもつ専門知識を得ることができます.安全な場所で内省することができ,様々な技法について試行錯誤を繰り返し,それについてのフィードバックを得ることができます.スーパーバイザーとスーパーバイジーの関係は,セラピスト―クライアント間の関係や,親―子間の関係と類似したプロセスとして機能することがあります.そのため,スーパーバイザーとスーパ

ーバイジーの関係から，臨床業務の中で起きている心理支援プロセスの側面がわかります．

　研修生がスーパービジョン体験で感じることを，次に示します．「私は，スーパーバイザーにどんなことでも投げかけられるし，それに対して納得できることを言ってくれると思える．……これが，面接関係において本当の信頼感ができているということだと理解できた」．このような感想からは，有益なスーパービジョンのプロセスがどのようなものかわかると思います．こうした安心感や"抱えられている"という感覚は，心理療法の中でクライアントも経験しているものと思われます．

　しかし，よいことばかりではありません．スーパーバイジーは，批判されている，評価されている，詮索されていると感じることもあります．最悪の場合には，スーパービジョンを受けていて安心できないと感じてしまうこともあります．「本当に難しい関係だ．……結局，自分とスーパーバイザーの関係は，力関係なのだ．スーパーバイザーは私を評価しているのだから．彼女は資格があるし，私より権力をもっている．……スーパーバイザーと一緒に内省しなければならないといっても，自分が感じていることを一切隠さず正直に話さなければならないというのは，とても難しい」．このような場合には，スーパービジョンはスーパーバイザーを満足させるためだけの場所になってしまいます．

3）個人的な自己理解の深化

　内省ということに関しては，前述のようなスーパービジョンによる専門的内省以外に，一個人として自己の個人的側面について内省

を深めるということもあります．臨床心理職は，自身にとって心の重荷になっている悩みや課題をクライアントに投げかけて"肩の荷"を下ろすようなことをしてはいけません．また，個人的な偏見や関心をクライアントに押しつけてもいけません．そのようなことをしないためには，自己理解が重要となります．そこで，専門性育成の一環として，研修生自身が心理療法を受けることを，多くの訓練プログラムでは積極的に勧めています（第11講も参照）．

　ただし，すべてのプログラムが心理療法を受けることを推奨しているわけではありません．心理療法を受けることによる自己理解の深化は重視せずに，職業としての専門性の発展により重点を置いているプログラムもあります．また，定期的にグループで内省を行う機会を設けているプログラムもあります．そのグループは，研修生やスタッフが，個人の体験（すなわち，家庭環境や対人関係）を共有することを目的としています．逆に，研修生の私生活と専門職としての生活の境界を大事にし，個人的なことを共有することはしないと明言するプログラムもあります．

2　専門職の内側にある人間的反応

1）臨床心理職の心理的負担

　臨床心理職は，誰にでも向いているという職業ではありません．臨床心理職であるということは，深刻な問題を抱えたクライアントの心理支援をするという，人間として難しい仕事に取り組むことです．しかも，職場は，様々な問題に対処できるように幅広い機能を備え，多職種が働いています．いずれの職種の人も，クライアントが持ち込む困難な問題に関わることでストレスを抱えています．そ

第9講　臨床心理職として働くために (2)

のような同僚とも連携協力してストレスに対処しながら働かなければいけないのです．

そのようなストレスに満ちた職場において臨床心理職は，通常，何年もかけて問題に適切に対処する方法を身につけていくことになります．それは，決して簡単なことではありません．さらに，クライアントの心理的な苦悩に共感して関わる臨床心理職に特有な心理的負担ということもあります．そのような心理的負担は，専門職としてのキャリアを積んだとしても常に感じ続けるものです．その種の苦労は，メンタルヘルス専門職にとって仕事柄避けて通れない本質的な要素と言えるものです．

専門職として働き始めて最初の数年が最も大変なことが多いでしょう．たとえば，クライアントに自分が研修生であると伝える時などに，緊張やストレスを感じるものです．クライアントから，若すぎるし，経験が足りないと言われることもあります．自分とは異なる経験をしてきたクライアントに介入する際には不安を感じるものです．そのような場合には，次のような葛藤がしばしば起こります．

「若輩者の自分が，自分より年上で経験豊富な方のことを理解したり，支援したりできるだろうか」「子どもがいないのにどうやって保護者の支援をしたらよいのだろうか」「1回目の面接の後に，クライアントが来なくなったり，自分のスーパーバイザーと話したいと言ったりしないだろうか」「クライアントが依存してきたり，自傷他害に関する考えや願望を伝えてきたりした場合，どうしたらよいのだろうか」「いつ他の専門職と連携したり，相談したりする必要があるのだろうか」「本当に罪悪感を抱くことなく休暇を取ることができるだろうか」．

2) 臨床心理職の苦難と成長

多くの臨床心理職が，時間をかけてそうした疑問を解決する方法を見つけていきます．効果研究等の科学的知見や専門的ガイドラインを読み，それを自らの実践と照らし合わせ，介入に組み込んでいく経験を重ねます．そのような経験を経て，自らの実践活動についての方針や自信を得ていきます．

また，次第に臨床現場での意思決定の複雑さを理解し，受け入れられるようにもなります．臨床心理職は，複雑な状況下で介入を行わなければならないこともよくあります．そのような状況では，エビデンスが明確でないこともあります．そのため，介入を行うことに危険を感じることにもなります．クライアントはカテゴリや枠にうまく当てはまるわけではありません．初心の臨床心理職は，マニュアルやハンドブックに記載された簡潔で整った事例報告から問題を推測しがちです．しかし，実際のクライアント体験は，そのような事例報告から想像するのとは比べものにならないくらいに，ずっと複雑なことが多いのです．

ここで重要なのは，個々のクライアントが生活している環境や状況を考慮に入れ，次にどのような事柄が起きてくるのか，それに対処するために何が必要となるのかを幅広く推測できることです．

たとえば，資格を取得して間もない臨床心理職は次のように報告しています．「私は，臨床心理職になる道がこんなにも険しいものとは思ってもいなかった．大学院の訓練課程を終えることはできた．しかし，臨床心理職として働くための疑問や不安を払拭できたということはなかった．むしろ，取り組まなければならない課題がさらに一層見えてきた．面接室内で用いる技法やモデルの学習は，課題

第9講 臨床心理職として働くために (2)

の1つであることは理解できた．ただし，それがすべてではないこともわかってきた．訓練課程を修了したばかりの，今の自分にとっては，面接室内で会う人々が主要な心理支援の対象となっている．でも，実際には，面接以外の様々な場面において次々に問題が起きてくる．しかも，そのような問題への対処だけでなく，様々な事柄への対応が必要となってくる．家族や環境への対応も必要となる．専門職チームにおける他職種との協働も難しい課題である．私は，面接室以外で何が起きてくるのか，どのような対応が必要となってくるのかを推測することができない．今の私は，起きてきたことを，後追いで見ているだけである」．

臨床心理職として働くことは，時に非常に孤独な場合があります．心理支援の領域では，人との関わりがすべてとも言えるので，孤独であるということに驚きを感じる人もいるかと思います．臨床現場の中には，特定のサービス機関で働く臨床心理職や，複数のクライアントに実践を行う臨床心理職がひとりしかいないこともあります．そこでは，共に過ごすスーパーバイザーや同僚は誰もいないのです．また，自宅で長時間研究をしたり，論文執筆をしたり，統計分析をしたりしていると，孤独を感じることになります．

したがって，もし得られるのであれば，臨床心理職の仲間によるサポートは非常に貴重なものになります．仲間によるサポートには様々なタイプのものがあります．正式に開かれているピアスーパービジョンの集まりもあります．たとえるならば，それはサービス機関のカフェテリアのようなものです．特定の問題について臨時的に話し合いをすることもあります．

前出の資格を取って間もない臨床心理職は，次のように述べてい

ます.「私は,インターンとして臨床現場の実践に従事しているが,まだ研修生なので,1週間のうち数日は大学院での授業にも出席している.授業日に他の同期の研修生に会って得られるサポートには本当に感謝している.同期のサポートのおかげで,ストレスを解消できる.長距離で臨床現場に通う不満を言ったり,クライアントやスーパーバイザーに関する経験や不安を共有したりすることができる.これは,自分にとっては,とても貴重な時間である」.

3 臨床心理職特有の困難

1) 共感性疲労

では,たくさん経験を積んだ臨床心理職はどうでしょうか.専門職として給料をもらっているとはいえ,私たちも人間です.セッション間に,クライアントの苦痛を伴う情緒的体験から適切な心理的距離を保つのが難しいこともあります.このことは,よい結果にも悪い結果にもつながります.カール・ユング(Carl Jung)の言葉を引用すると,「2つのパーソナリティが出会うということは,2つの化学物質が接触するようなものである.何か反応があれば,どちらにも変化が生じる」のです.

クライアントが過去のトラウマについて語り始めると,傾聴することは非常に難しく感じられるものです.場合によっては,語られたトラウマが臨床心理職自身のトラウマに関連していることもあります.たとえば,クライアントが子どもの頃に受けた性的虐待のことを話したとしましょう.もしあなたに同じような年齢の幼い子どもがいたり,あなた自身が幼少期によく似たトラウマ的体験を受けていたりした場合を考えてみましょう.そのような場合,その生々

しい話を聴くことは難しいでしょう.

 専門職として,クライアントにずっと関心を向けていなければなりません.しかし,時には情緒的に辛くなってしまうこともあるでしょう.同じように,クライアントが深刻な怪我や病気で深く絶望している時に,希望をもち続けるのは大変なことです.また,クライアントが自殺を考えている場合に,いつ他のところに援助を求めるべきかを正確に判断するのも難しいことです.

 残念なことに,深刻な問題を抱えるクライアントに実践を行う臨床心理職のうち,推定5%の人が,過度のストレスにより,いわゆる"共感性疲労"を感じています.この共感性疲労は,臨床心理職とクライアントの双方に危険を及ぼすものです."代理"トラウマ,"二次"トラウマ,"間接的"トラウマと言われることもあります.臨床心理職がクライアントのことを過剰に心配してしまうことで,共感性疲労が引き起こされます.その結果,睡眠障害,悪夢,過覚醒,緊張,特定のトラウマが頭から離れないといったストレスの諸症状が臨床心理職に現れるのです.

 著者のかつての同僚であった上級臨床心理職の例を紹介します.彼女は,グループ療法の有能なリーダーでした.彼女が長年担当していたクライアントのひとりが自殺しました.そして,その家族は,担当者であった臨床心理職を訴える裁判を起こしました.そのことで,彼女は罪悪感と責任感から感覚麻痺の状態になりました.ぼんやりしたりするようになり,精神的に参ってしまいました.

 彼女は,クライアントの突然の死の後に,次々に対応しなければならない課題に追われました.グループ療法のメンバーである他のクライアント,自殺したクライアントの家族,スタッフチームに生

じた悲嘆の感情に対処する作業を最優先にして行いました．長年にわたって心理支援を担当していた人を失ったことに対する，彼女自身の喪失感，憤り，挫折感，不安感は後回しにされたのです．その結果，彼女の心は疲弊してしまいました．そして，慎重に選んできた自分のキャリアについて，臨床心理職を辞めることを含めて考え込むようになりました．

2) バーンアウト

関連する概念に"バーンアウト"があります．バーンアウトは，心理的問題に介入を行う人々を含め，多くの専門職の間でよく起こるものです．バーンアウトは，仕事の充実感の欠如と関連しています．突然起こるのではなく，時間をかけて徐々に進行するものです．共感性疲労とは異なり，個人が求めることと職場が求めることが合致していない場合に生じやすくなります．

メンタルヘルス領域の職場で求められるものに，日誌の記載，ファイル整理，アセスメントの結果報告，紹介状作成といった事務的な作業があります．しかし，臨床心理職に求められる仕事はそれだけではありません．たくさんのクライアントが順番を待っていたり，資金や確保できる研究時間が不足していたりします．そのような状況に対応しなければいけません．しかも，大勢のクライアントに対し責任をもって心理支援を実践するとともに，同僚と問題を共有しチームメンバーの不安を軽減するといったことも求められます．

"バーンアウト"を感じている人は，クライアントにあまり共感的に接することができなくなります．そして，希望がないように感じ，自分自身や他者の気持ちに否定的になっていくのです．

近年の調査では，臨床心理職の3分の1が，職場での事務的で些末な作業に押し潰されるようだと感じることがしばしばあると回答しています．さらに，クライアントからのストレスよりも，管理責任からくるストレスを重く感じることが多いと述べています．ベテランの臨床心理職の中には，長年の臨床実践の後にバーンアウトを経験した人もいます．彼らは，クライアントだけでなく，若い臨床心理職や職員の愚痴や不満に付き合っていたのです．

4 セルフケアをすること

　私たちは，仕事に関わるストレスをすべて避けることはできません．しかし，共感性疲労やバーンアウトを引き起こしうる要因を知っておくことはとても重要です．

　共感性疲労による症状が発症する可能性を高める要因がいくつかあることがわかってきています．たとえば，女性であること，若いこと，個人的な問題を抱えていること，経験が少ないことなどが挙げられます．また，トラウマに特化した訓練を受けていないこと，入院患者へのサービスを行っていること，担当の仕事量が多いこと，トラウマの被害者に実践を行っていることなども要因となります．

　こういった要因を知っておくことで，よりよいセルフケアを行い，ストレスから身を守ることができるのです．たとえば，自分自身がセラピーを以前受けたことがあったり，受けていたりすることで，仕事のストレスから自分を守ることができます．また，継続的にスーパービジョンを受けることや，チームの一員であることもストレスに対処する手立てとなります．自分の体験を理解してくれる同僚たちに支えられていると感じることは，非常に重要なことなのです．

また，エビデンスベイストな根拠に基づく技法を用いることによっても，バーンアウトや共感性疲労が減少し，仕事への満足感が高まります．そうすることで臨床心理職としての心の準備をし，それによって自信をもつことができるからです．

　さらに，幅広い役割や業務を担当することでも，バーンアウトや共感性疲労から身を守ることができます．つまり，（玉子を全部1つのかごに入れないのと同じように）逃げ道を多くもち，危険を分散しておくことが大切なのです．そうすることで，心理的に厳しいクライアントとのやり取りによって疲れたり，バーンアウトを感じたりすることが著しく減るのです．クライアントとのやり取りがストレスフルな時期には，研究プロジェクトやチームのミーティングに集中することで息抜きできることがあるのです．あるいは，講義やスーパービジョンを通して自分の知識を共有することで，満足感を得ることもできます．

5　終わりなき臨床心理職の仕事

　前述したような無理な要請や心理負担を負う危険性があるのにもかかわらず，ほとんどの臨床心理職は，実際には仕事をする中で共感性疲労やバーンアウトを経験せずに済んでいます．

　教育訓練課程の修了後に続く臨床心理職としてのキャリアは，ほとんどの人にとって充実感や満足感を与え続けてくれるものとなっています．訓練から仕事に移行しても，引き続き新たな出会いや発見があり，刺激的な経験に満ちています．大多数の人は，その後の職業人生として現場での臨床実践を継続します．

　臨床心理職として生計を立てるには，公的なサービス機関から個

第 9 講　臨床心理職として働くために (2)

人開業まで，実に多種多様な働き方があります．また，実践を行う対象も様々です．個人療法を行う人もいれば，企業の経営者と連携して仕事をする人もいます．乳児を対象とする人もいれば高齢者を対象とする人もいます．

臨床心理職の仕事を続けるには，認知的記銘力や感情的柔軟性（レジリエンス），他者の苦悩を理解し軽減することへの持続的関心が必要となります．最近では，多くの臨床心理職が，従来ならば退職した年齢を超えても仕事を続けています．何千人もの臨床心理職が登録されている国際的な大規模データベースによると，90代まで働いている臨床心理職もいるようです．

かなりベテランの臨床心理職である名誉教授は次のように述べています．「現在の私の時間の多くは，若手の心理職や他専門職のスーパービジョンに加えて組織運営の仕事で占められている．しかし，私は，常に臨床心理職として実践活動に積極的に関わりたいと願ってきた．多くの同僚と同様に，スーパービジョンや個人セラピーを受けることで，専門的技能を磨き，自己理解を深めてきた．研究をし，専門誌を読むことで臨床心理学の最新知見を身につけるように努力している」．

ワークショップやカンファレンスのような研修の場に毎年継続的に参加することで，この仕事を通じて学び，成長するという感覚をもち続けることができます．臨床心理職であれば，誰でもそのような場に専門職として参加することが求められます．臨床心理職の職能組織と専門活動を統制する機関があることで，仕事に対する熱意や責任をもち続けることができるのです．それは，臨床心理職のサービスを受ける人々を守ることにつながります．

第9講のまとめ

- 臨床心理職は，"内省的"科学者―実践者であるために訓練をしている．内省的になるための1つの方法が，スーパービジョンを受けることである．
- "内省的"である2つ目の方法として，個人的な内省がある．臨床心理職は自身の問題をクライアントに押し付けないためにも，自己理解が重要である．
- 仕事の中では，臨床心理職特有の大変さがある．最初の数年目の大変さとして，経験不足，能力不足から来る葛藤，事例の複雑性に対する葛藤，実践と理論や研究成果の統合における困難，などがある．また，経験を重ねた臨床心理職も陥る困難としては，共感性疲労・バーンアウトが挙げられる．これらの状態に陥ると，クライアントへの共感的なふるまいが困難になり，希望を失い，自身の気持ちにも否定的になってしまう．
- 「共感性疲労」「バーンアウト」の危険因子を知っておくことで，より早期のセルフケアが可能になる．
- このような大変さもあるが，訓練後に続く臨床心理職としてのキャリアは，充実感や満足感を与えてくれるものであり，刺激的な経験に満ちている．
- 臨床心理職個々人がキャリアを通じて成長するという感覚をもつことと同時に，専門活動を統制する組織がきちんと機能することで，臨床心理職のサービスが向上し，市民へよいサービスを提供することができるようになる．

第10講 臨床心理学の最前線（1）

1 臨床心理職の意見表明

　読者の皆さんは，本書をここまで読んでどのように感じたでしょうか．これまでの講において，臨床心理職は，何を，どこで，誰に，どのように考えて実践をしているのかを見てきました．また，どのように訓練されているか，どのような場で雇用されているのか，そして臨床心理職であるということは実際にはどういうことなのかを検討してきました．そこで本講と次講では，臨床心理学の最前線の動向を見ていくことにします．具体的には，臨床心理職の活動について合意が得られている事柄と，現在議論されている事柄を確認していくことにします．

　ただし，その確認に入る前に，臨床心理職は臨床心理学の置かれた社会的状況について自覚しておく必要があることを指摘しておきたいと思います．なぜならば，臨床心理職は議論ばかりしていて，専門活動の統一性や一貫性が明確ではないと批判されることがあるからです．つまり，専門職として，自分たちの立場を明確な形で表明することが社会的に求められているのです．

　裁判官や学者，医療職と比較するならば，臨床心理職が明確な見解や判断を述べることは滅多にありません．たいていの臨床心理職は，対立を避けることを好み，片方の味方につくことや，人と対決

するようなことを好みません．臨床心理職の多くは，クライアントがどう考えるべきかを指示しません．彼らの行動が正しいか正しくないかの判断をすることもありません．もちろん，臨床心理職がこのように一方に加担するのではなく，多様な可能性に開かれ，様々な見解に対して幅広く理解ある態度を取ることは重要ではあります．しかし，実際には，曖昧な態度を取りすぎていると主張する人も多数いるのも事実です．

　曖昧な態度は，個々のクライアントに対してだけでなく，メンタルヘルスケア全体に影響を与えると見ることもできます．たとえば，個々の事例レベルでは，臨床心理職がはっきりとしたアドバイスを欲している女性に対してアドバイスをせずに，その問題について彼女自身の考えや気持ちを深く探るように促すということがあります．その場合，その女性が非常に不満を感じることになります．

　メンタルヘルスケア全体のレベルでは，臨床心理学という分野がその分野自体を明確な形で十分に発展させていないという批判があります．さらに，精神医学が人々の心理的苦しみを"医療化"してしまっていることに対して，きちんと異議を唱えていないという批判も受けています．確かに不幸な心身の状態にある人々を精神的な"病気"であるとみなす医療化が世の中で広く受け入れられてしまっています．

　臨床心理職は，精神科医とともに実践を行い，医療用語や医学的診断を使う傾向があります．そのため，人が生きていく上で必然的に直面することになる問題に関して，臨床心理学は医学モデルと結託し，精神医学の疾病として扱っているとの非難をされることがあります．そのような場合，一般的に人生で突き当たる問題であり，

誰でも辛い気持ちになるのは当然であるという見方を広めることが臨床心理職の役目であるとも言えます．しかし，臨床心理職はそれをしていないという批判があるわけです．

2 社会における臨床心理職の役割

1）社会的問題への態度

さらに，臨床心理職はあまりにも個人主義的で，個々人の苦悩の一因となっている社会的要因や経済的要因の重要性を過小評価しているという批判もあります．つまり，世界や社会のあり方が問題であるのに，苦悩を抱えるその人が世界や社会に適切に対処できていないことを問題としてしまっているということです．世界や社会の抱える問題に介入しなければならない事態を，個人の問題として矮小化しているという意見です．

孤独，性的虐待，情緒的虐待，離婚，経済的な不平等，失業や人種差別，迫害といった重大な社会的問題は，いずれもメンタルヘルスの問題と深く関連していることがわかっています．臨床心理職は，そのような社会的問題に対して一時的で，しかも個別に解決策を提示するだけであるという批判的な議論がなされています．人々を本当に助けたいのであれば，社会的問題そのものに取り組まなければならないということです．

心理療法では，なぜ自分が幸せではないと感じるのかというクライアントの疑問に関して，個別に関わっていきます．クライアントが自己の疑問についての理解を深めるのを支援します．しかし，それでは，社会の不平等さや差別に立ち向かうことにはならず，社会的問題の解決には役立たないという意見です．社会の不平等さや差

別そのものに立ち向かい，改善することは，人々がメンタルヘルス問題を抱える危険性をより効果的に減少させることができるという見方が，そのような意見の根底にはあります．

したがって，より広範な社会的問題に声をあげ，社会的問題に対する運動をすぐにでも起こすべきだと主張する人もいます．つまり，自ら声をあげることができない，あるいは自ら声をあげることを望まない心理的な困難を抱える人々の声としての役目を務めるということです．もし私たちがこのような社会的責任を引き受けないのであれば，恵まれない人々や心理的苦悩を抱える人々，社会の中で抑え込まれている人々の代弁者としての役割を怠っていることになるでしょう．

しかし一方で，様々な政治的，社会問題は，イデオロギー，価値観，信条に関する疑問を提起するものでもあります．そのような問題提起に関しては，臨床心理職が独断で答えることができるものではないと見ることができます．そのため，臨床心理職が解決できる範囲を超えていると主張する人もいます．私たちは一市民として社会組織に影響を与える権利をもっているのですが，私たちの個人的意見や政治的意見を臨床心理学の活動にもち込むべきではないとの意見です．

2）臨床心理職が合意していること

社会における臨床心理職の役割については，前述のような議論があります．そこには，相互に一致しない意見もあります．そのような中で私たち臨床心理職として合意できる基本的見解があります．それらは，「臨床心理職はメンタルヘルス問題の要因をどのように

考えるか」「心はどのように機能しているのか」「人々の変化を助けるものは何か」「心理的介入は，人々の変化をもたらすためにどのように役立つのか」といった臨床心理学の基本テーマに関わる見解です．そこで，以下において臨床心理学の基本的見解となっている事柄を順番に見ていくことにします．最初は，メンタルヘルス問題の要因は何かに関する見解です．臨床心理学において想定されている要因のリストを以下に提示します．

3 メンタルヘルス問題の要因に関する見解

(1) 私たちのほとんどは，幼少期の経験に多大な影響を受ける．その影響は，その後の人生のあり方をすべて決定するというわけではない．しかし，幼児期の経験は，その人がその後の人生において他者，世界，自分自身をどのように理解するのかに影響を与える．私たちは成長してから新しい人間関係を結ぶ時，幼少期の重要な対人関係に由来するレンズを通して相手の人を理解することがしばしばある．

(2) 一貫した思いやりある養育が不足すると，ネガティブな影響が生じる．しかし，人生の中で（親ではない）他者から一貫したサポートを得られれば，ネガティブな影響を受けた経験から回復することができる．

(3) いつも100%幸せであるという人はいない．メンタルヘルスは，幸か不幸かといった全か無かの区別ではない．メンタルヘルスはよい状態から悪い状態まで，様々な段階がある連続的なものである．私たちは，人生の様々な時期においてその連続線上のどこかにいる．誰もが時にメンタルヘルスの状態が悪くな

り，情緒的に苦しい経験をする．ただし，他の人より深刻なレベルで，あるいはより頻繁にメンタルヘルスの状態が悪くなり，より重度の情緒的な混乱や苦悩を経験する人がいる．
(4) 貧困，不平等，トラウマは私たちのメンタルヘルスに悪影響を及ぼし，心理的に健康な生活を送る能力に影響を与える．不平等な富の分配や貧しい生活が心理的困難の程度と関連するというエビデンスが示されている．
(5) 私たちは誰もが特有の遺伝子構成をもっている．それは，家族環境，社会環境，経済的環境，文化的環境，人生経験と相互に作用する．遺伝が環境に影響を与えるのと同様に，環境が遺伝子に影響を与える．そのため，たとえ2人の人が類似の問題を抱えているように思えても，実際には人それぞれで問題の中身は異なっている．

4 心の働きとその影響に関する見解

(1) ほとんどすべての人が愛されたいと願っており，他者との関わりを求めている．拒絶・排除されていると感じている人，あるいは自尊心の低い人の多くは，他者を責める前に自分自身を責める傾向がある．その結果，自分はだめな人間であると繰り返し考え続けて，自分で自分を不幸せな状態に追い込んでいく．他者とつながっており，他者に支えられているという感覚は，私たちの心理的幸福感を保護する因子となる．
(2) 私たちが何らかの行動をする場合，その行動の根底には願望，感情，信念，意図がある．自己の行動でも他者の行動でも，その行動の根底にある願望，感情，信念，意図を読み取り，理解

する能力を，"メンタライゼーション（mentalization）"と呼ぶ．このメンタライゼーションは，心の健康を守るのに重要な能力となっている．ほとんどの人は，心理的介入を受けることによって，メンタライゼーションの能力を伸ばすことができる．

(3) 心理的，身体的健康についてどのように考えるか（あるいは判断をするか）ということは，少なくとも客観的な"事実"と同程度に私たちの健康に影響を与える．シェイクスピアの著名な言葉を用いるならば，「よいものも悪いものもない．思考がそうしているのだ」．

(4) 最初に"直感"が生じる．その次に推論が生じる．私たちは，自分がどの程度（無意識の）感情による影響を受けているかについて過小評価することがよくある．そして，自分も他者もまったく合理的に行動しているといった間違った思い込みをしている．

(5) 私たちは，よく知っている方法を使って困難に対処する傾向がある．つまり，たとえそれが現在は効果的でない，あるいは害となるような方法であったとしても，過去に役に立ったやり方で行動する．

(6) すべての感情が心地よく，ゆったりと感じられるというわけではない．しかし，すべての感情に機能や意味がある．したがって，感情に注意を向け，関心をもつ必要がある．

5 変化はどのように生じるかに関する見解 ─────

(1) 私たちは誰でも，注目を受けることで頑張り，物事をうまく成し遂げるものである．罰を与えられることよりも，励まさ

たり賞賛されたりすることのほうが，行動を変化させるのに効果的である．行動の頻度を増加させる最もよい方法は，その行動に報酬を与えることである．

(2) "外在化行動"とは，児童であれば感情を爆発させる癇癪，成人であれば物質乱用や自傷行為といった問題行動を意味する．そのような外在化の問題行動は，罰するべきものではない．むしろ，1つのコミュニケーションのあり方とみなし，その意味を理解する必要がある．

(3) 人は，とても強い苦痛を感じている時には適切に機能できない．しかし，ある程度の苦痛や不快感を体験することは，変化に向かう動機付けを得るのに必要となる．

(4) 人を変化させようとしても，その人自身が変わりたいと思わなければ変えることはできない．しかし，人が変化を起こすことを支援し，促すことはできる．そのような支援や促しは，クライアントを一方的に判断することはせずに，クライアントに寄り添い，協働して物事に対処することで可能となる．臨床心理職が最も力を発揮するのは，そのような支援のあり方においてである．

6 臨床心理職の支援に関する見解

(1) 他者と情緒的体験について話すことで，人はつながっている感覚をより確かなものとして感じることができる．しかも，救われたという安心感をもち，何が起きているのかを理解し，問題についての洞察を得ることもできる．クライアントにそのような体験をもたらすという点において，話すこと自体が人間の

苦悩を軽減することができる．

(2) 心理支援とは，単純に臨床心理職が行っている活動全般を意味するものではない．臨床心理職がしていることは，何であっても心理支援と言えるわけではないのである．臨床心理職はどのような技能をもつ人なのか，クライアントはどのような人であるのか，臨床心理職はクライアントとどのようなやり取りをするのか，両者の関係とはどのようなものかといった事柄によって，そこで意味される心理支援の内容は大いに異なってくる．効果的な心理支援は，クライアントの経験を共感的に聴き，クライアントとの間で安心できる関係を形成し，クライアントが直面している問題の意味を理解し，希望を醸成し，問題解決に向けての課題と目標についてクライアントと合意できる臨床心理職が行うものである．したがって，臨床心理職がしている活動であっても，心理支援とは言えないものもある．

(3) 心理支援には多種多様な方法があるが，いずれの心理支援法であっても，対象となる問題状況に即して適切に実施されたならば，効果をもたらすことは可能である．特定の問題に対して，特定の心理支援法が高い有効性を示すエビデンスが得られているということはある．しかし，必ずしも特定の心理支援法以外の方法が役立たないということではない．単に，それ以外の心理支援法の効果についての研究が十分になされてきていないということなのである．

第10講のまとめ

- 臨床心理職は，曖昧な態度を取りすぎているという批判がある．それによって，はっきりとしたアドバイスを欲している個々のクライアントを不満にさせるだけでなく，誰でも辛い気持ちになることは当然であるという見方を広めていないという，専門職全体に及ぶ批判が起きている．
- 臨床心理職は社会的要因，経済的要因を過小評価しているという批判がある．臨床心理職は孤独や虐待などの社会的問題に対して一時的な解決策を提示するだけではなく，社会的問題そのものに取り組むべきだという主張がある．一方で，社会的問題は専門職が独断で答えることのできない問題であるために，臨床心理職の解決できる範囲を超えているという主張もなされている．
- 臨床心理職の人々の中で合意の得られている基本的見解がいくつかあり，それらは「メンタルヘルスの問題が生じる要因」「心の働きとその影響」「変化はどのように生じるか」「臨床心理職はどのように支援することができるか」に関わるものである．

第11講 臨床心理学の最前線（2）

1 臨床心理職が議論しているテーマ

　熱心な会員が多く参加している専門職団体では，様々な意見，討論，議論が生じるものです．臨床心理学の専門職の領域においても，そのようなことが生じています．ただし，臨床心理職の間では，ときとして意見の相違が明確な論争まで発展しない場合もあります．

　そのようなことはあるにしろ，臨床心理職の専門職団体において様々な議論や討論は行われてきていることは確かです．ここでは，現在でも議論が続いている代表的なテーマとして，以下の3点を取り上げて紹介します．

- ・臨床心理職はどれほど内省的であるべきか．また，自分自身が個人療法を受けなければならないか．
- ・臨床心理職は科学者—実践者モデルに基づくべきであるとされている（第1講および第3講参照）．しかし，臨床心理職は本当に科学者であると主張できるのか．
- ・実践において，臨床心理職は何に力を注ぐべきか．

2 内省的であることに関する議論

1）臨床心理職自身が心理療法を受けることの是非

歴史的観点からするならば，心理療法が開始された初期の時代に

強い影響力をもっていたフロイト派においては，セラピスト自身が個人療法を受け，内省を深めることがメンタルヘルス専門職になるキャリアの必須課題として組み込まれていました．

しかし，その後，「訓練として個人療法を受けることは，臨床心理職が特定の考え方にとらわれない，公平な科学者の視点を得ることへの妨げになる」との意見が出てきました．というのは，個人療法を受けることで，自己の内面にばかり目を向け，どんどん主観的になっていく危険性があることが指摘されたからです．その結果，「臨床心理職は個人療法を受けるべきではない」との意見も出されるようになりました．

最近では，西欧の心理職のおよそ半数が個人療法を重要なものとみなしており，75％の心理職が何らかの形で個人療法を受けています．ただし，この数値は理論モデルによって異なります．精神分析のセラピストが最も高い割合となっているのに対して，行動療法のセラピストは最も低い割合となっています．

2) 訓練としての心理療法を受けることに関する賛成意見

臨床心理職が個人療法を受けることに賛成する場合，「通常の訓練の一環として必要である」といった意見として示されます．その第1の理由は，クライアントは単に面接室にその人の過去の経験をもち込むだけではないからというものです．私たち臨床心理職は，必然的にクライアントに対して情緒的な反応をします．臨床心理職は，その反応がクライアント特有の対人関係パターンが面接室にもち込まれて生じたものなのか，あるいはクライアントの過去の経験に触発されて臨床心理職自身の個人史と関連する感情が現れたもの

なのかを判断し，対処しなければなりません．その際，臨床心理職が，自分自身の個人的感情がどのような引き金によって生じるのかを含めて自己理解を深めていれば，クライアントの過去の経験に反応して，逆に臨床心理職が自身の個人的感情パターンをクライアントに投げかけてしまうのを思いとどまることができます．つまり，クライアントの主観的体験を本当に理解したいのであれば，自分自身のことも同じように理解している必要があるということです．臨床心理職が個人療法を受けて自己理解を深めていれば，面接室内で生じるどの感情が誰のものであるか，という疑問に対する判断を適切にできるようになるという意見です．

　第2の理由は，臨床心理職である私たちもまた人間であるために，個人療法は私たちが内的課題（例：不安感や自己像の問題）を乗り越えたり，外的問題（例：家族や仕事に関するもの）に対処したりする助けになるというものです．つまり，個人療法によって私たち自身の人生がよりよいものになり，より思いやり深くなり，より安定し，より偏見をもたないようになるという意見です．このような意味で個人療法はセルフケアの一環であり，私たちができる限り心理的に健康でいるために必要であるということになります．

　第3の理由は，臨床心理職が心理的実践への期待をもつためには，それが実際に有効なものなのだと信じる必要があるというものです．個人療法が自分自身にとって有益であるという経験になれば，その妥当性を確信することになります．そして，心理的実践がもつ変革の力を自分自身の人生ではっきりと示すことになります．議論の余地はあるかもしれませんが，臨床心理職自らが自身の専門とする支援技法の有効性を信じられないならば，他者にそれを実践する権利

はないという意見です.

　最後に，直接クライアントの体験をすることは，臨床心理職にとって有益だろうという意見があります．私たちの同僚のひとりは，「個人療法は，セラピストに心を開いて本当のことを話すことがどれほど恐ろしいことか気づかせてくれた．その結果，クライアントへの敬意が非常に強くなった」と語っています．

　心理力動学派のセラピストであるナンシー・マックウィリアムズ（Nancy McWilliams）は，そのことを次のように語っています．「私は，心理療法を知的なものと理解していた．専門的であるということは，知性のなせる技と考えていたからである……［しかし］，私は震え，怯えている自分に気がついた．それは，まさに誰にも守られていない子どもが不安でたまらずに震えているような感じであった．……私は無防備で世の中に晒されており，冷静さを失っていた．批判を受けることや恥をかくことを恐れ，傷つきやすくなっていた．結局，かつての私は"問題"に向き合うことさえしていなかったのだ．私は心理療法を求める人々の苦しみを全く理解していなかった……」．

3）心理療法を受けることに関する反対意見

　臨床心理職が個人療法を受けることに反対する意見としては，次のようなものがあります．まず，クライアントへの介入結果に直接ポジティブな効果があるという確実なエビデンスがないという意見です．また，個人療法という非常に個人的なものを，教育訓練の必修項目にすることへの抵抗もあります．すべての臨床心理職が心理療法のセラピストとして働くことを選ぶわけではありません．主に

アセスメントやマネジメントを行う人,司法領域での活動に関わる人,教員や研究者として働く人もいます.個人療法は,そういった人々にはあまり関係がないことになります.

臨床心理職を目指す人の多くは,深刻なメンタルヘルス問題を抱えているわけではありません.そのような健康な人の個人療法に,少ないメンタルヘルスの社会的資源を費やすことは代償が大きいと言えます.反論もあるかもしれませんが,無駄なこととも言えます.個人療法を強要することで,心理療法で生じる不快感や課題に人々を直面させてしまうかもしれないという倫理的問題もあります.

教育訓練では,構造化されたロールプレイにおいて,クライアント役を"実際に"体験することができます.また,心理療法のライブセッションや録画された心理療法場面の映像を観ることを通して,クライアント体験を代理的に経験したりすることもできます.そのような体験や経験を通して,個人療法を受けることで得られる内容に匹敵する学びを得ることができる学生／研修生もいます.

したがって,これらの問題に対する決定的な答えはないのが実情です.そのため,個人療法の必要性については結論が出ていません.

3 科学者であると主張することに関する議論

1) 臨床心理学における科学的発展

現在,臨床心理学を含むメンタルヘルス分野においては,2つの科学的発展があります.1つは,根拠に基づく実践と呼ばれるエビデンスベイスト・プラクティス(evidence-based practice:EBP)です.これは英国で生まれたものです.もう1つは,実証的に支持された介入(empirically supported treatments:EST)です.これ

は米国で生まれたものです．この両者は，相互に密接に関連しており，ともにメンタルヘルスの活動に大きな影響を及ぼしています．

これらは，支援に関して最も効果的であるとされている科学的エビデンスを，実践に統合することを目指して発展してきました．つまり，2つの科学的発展はともに，有効性を示すエビデンスを臨床経験，そしてクライアントの好みや価値と組み合わせて，より役立つ実践を構成することを目指すものです．したがって，いずれにおいても臨床の知を発展させる科学的方法であることが中心的課題になっています．

結果として，ヘルスサービスの資金を拠出している政府機関や保険会社は，科学的エビデンスに基づき効果を実証することをますます要求するようになっています．つまり，臨床心理職やその他のメンタルヘルス研究者に対して，科学的エビデンスに基づいた実践を行い，さらにその実践が本当に有効であることを証明することを求めるようになってきています．さらに，政府や保険会社は，単にエビデンスを求めるだけでなく，臨床心理職が実践する介入方法を限定し，その方法を用いることを命令するようにもなりつつあります．

2）科学的発展への賛同

このような動向は，最初に行動療法を中心に訓練を受けてきた臨床心理職から歓迎されました．というのは，彼らは，科学的指向性が強い心理学の研究重視の伝統に従って教育訓練を受けてきていたからです．時を経て，現在に至っては，研究を行うことはすべての臨床心理職にとって重要な役割となっています．それは，臨床心理職の専門職ガイドラインや職務内容において明確に規定されるよう

になっています.

たとえば,国民保健サービス（NHS）の職種紹介ウェブサイトでは,「臨床心理職は科学者—実践者の役割を担う.様々なヘルスケアの分野において臨床心理職は,エビデンスベイスト・プラクティスの実践者としてだけでなく,応用研究者として問題の所在を明らかにするとともに,その問題の解決に向けて社会の変革者となる役割をも担っている」と記載されています.

ほとんどの臨床心理職は,心理学を科学とみなしています.そして,研究を臨床心理学の中核にある活動として重視しています.これは,臨床心理職だけでなく,クライアントにとってもよいことです.科学的手法を活用し,査読を受けた頑健なエビデンスに基づくことで,臨床心理職は多くのメンタルヘルスの問題に関する知見を蓄積してきています.

さらに,それらの知見を得ることで,臨床心理職の活動の発展の方向性を適切に定めることができてきています.実証研究を基盤とすることで,臨床心理職は,様々な人々に効果的な支援や介入を提供することができるようになったのです.

3）科学的発展への疑問

このように研究活動の意義は,強調されてきています.しかし,実際には,臨床心理職の活動において,研究活動重視の精神がそのまま完璧に実現されているというわけではありません.おそらくほとんどの学生／研修生は,研究をしたいという思いを第1に考えているということはないでしょう.むしろ,人間についての強い関心から専門職を選んでいると思います.実際のところは,学生／研修

生の多くが，自分自身で科学的研究を遂行しなければならないことに不安や葛藤を感じていることと思います．資格取得の要件となっている学位論文のための研究を，"仕方ないからやるもの"とみなしている場合も多いと思います．有名な学生のウェブサイトである'www.statisticshell.com'の見出しを見れば，専門職の役割の中で研究がどのように理解されてきたか（そしておそらく，今なおどのように理解されているか）がわかります．

大多数の臨床心理職がきちんとした研究法の教育を受け，研究を行う能力をもっているのにもかかわらず，資格取得後に積極的に研究をしているというわけではありません．多くの臨床心理職は，博士論文を書き上げた後，一度も研究論文の著者になることがありません．もし，学位論文を雑誌に投稿し，掲載された経験があるならば，論文が採択されることがいかに難しく，苦しい作業であるのかを身をもって知ることになります（図4参照）．そのような苦しい経験をした臨床心理職は，研究論文を書かない理由としてその困難なプロセスを引き合いに出して，研究をしない言い訳とすることがしばしばあります．

このように，臨床心理学が科学者―実践者モデルに依拠しているといっても，現実には臨床心理職が自分自身で研究を行ったり，論文を執筆したりしない，ということがあります．それに加えて，特定の心理学モデルのエビデンスの頑健さについて，それを鵜呑みにしてよいのかという点に関して，専門職内での論争があります．

EBPやESTに基づく介入のみを行うべきであるというプレッシャーを受け入れることに関する議論もいくらかあります．効果研究の結果として，学術的な研究者がそれまでとは異なる介入法を支持

第11講　臨床心理学の最前線（2）

図4　査読のある雑誌に論文が掲載されるまでのプロセスには多くの困難がある

する新しいエビデンスを見出したとします．それを受けて，エビデンスが見られた新しい介入を実践するように推奨されたとしても，自らの介入法を変えることに消極的な実践者もいます．その新しい方法が作業マニュアル付きで提示され，どのようなクライアント集団に対してどのような介入をすべきかを，1つ1つのステップごとに指示し，臨床心理職のすべき手続きを規定している場合には，特にそのようなことが生じます．

4　科学者―実践者モデルに関する議論

1）普遍性追求と個別性重視の矛盾

そこで，私たちは，改めて科学者―実践者モデルの"科学者"とは何かを問い直すことが必要となります．そのための具体的な問い

は,「自らを科学者と規定する臨床心理職がいるのはなぜなのか.そして,そのように自らを科学者と自認する臨床心理職は,一見すると科学者のような態度を取ってはいないのにもかかわらず,科学に価値を置くのはなぜなのか」ということになります.この問いについては多くの答えが考えられます.

それと関連して,とても重要な問題として,科学は普遍性を求めるものということがあります.臨床心理学分野においては,実践よりも科学を重視する研究者がいます.彼らの多くは,他の科学分野の研究者と同様に,あらゆる状況に当てはまる普遍的あるいは準普遍的な"法則"を見出すことを目指します.そうした"法則"が見出された場合,実践マニュアルに組み込まれ,実践者がすべきことを規定するガイドラインとして提示されることになります.そして,そのようなマニュアル付きで推奨される実践技法は,予算や資金を提供する機関から評価され,実際にお金が提供されやすくなります.

しかし,臨床心理職の日々の業務は,価値観,信念,主訴,個人的嗜好,家族状況,対人関係スタイル,文化という点でひとりひとり異なる個人のあり方に関わるものです.実践者は唯一無二の個別事例を扱っています.それに対して普遍的法則は,多数の集団に共通する一般性の原理に基づくものです.したがって,目の前の個別事例に集団ベースの研究知見を適用することは非常に難しい作業となります.クライアントが教科書で書かれている枠組にぴったり当てはまらないことはしばしばあります.そのため,実践者は科学的研究結果(あるいはマニュアル)が常に適用可能であるとは考えません.また,それがそのまま役立つとも考えません.むしろ,質的研究や事例報告から学ぶほうがよいと言う人も多くいます.

2) 科学者であることの困難

 実践者が自分ではあまり研究を行わないのには，実際的な理由があります．すぐれた研究を実施するためには，複雑な研究デザインを組む必要があります．また，倫理審査のための事務作業や行政的手続きも必要となります．公的機関に勤務する実践者であれば，ある一定時間の臨床実践が求められていたとしても，その一部を研究に転用し，研究のための時間を確保できます．しかし，自営の実践者は，研究をしようとすると，そのために臨床実践の時間が確保できず，収入が減ってしまいます．研究を行うことで，クライアントの予約可能な時間が限られてしまうからです．内省的科学者—実践者であることは，実際にはかなり困難なことなのです．

 また，臨床心理学は，科学（science）というよりも技術（art）であるべきではないかとの議論もあります．それは，科学として普遍的法則を追求するのではなく，臨床実践に適した研究の技術を追求すべきという意見です．そこでは，どのような研究が行われるべきであるのか，どのような研究デザインや分析方法が臨床心理学の研究技法として最も適しているのか，といったテーマの議論が重要となります．たとえば，ランダム化比較実験を行うことへの賛否については，Box21を参照してください．質的分析についての意見については，Box22を参照してください．

Box21　ランダム化比較実験の価値とは？

 ランダム化比較実験（randomized controlled trials：RCT）を用いて心理療法の効果について研究を行うことには，多くの利点がある．RCTとは，1つの変数，たとえば研究される心理療法の種類を除いて，

可能な限り多くの変数が2つの集団間で同一になるように（統制されるように）試みる研究である．研究を受ける人々は，2つのグループにランダムに割り当てられる．そのため得られた結果の差異は，参加者間にもともと存在していた差異によって生じたものではないはずである．また，介入もマニュアル化されている．そのため，研究者はどちらの心理療法がより効果的であるか，結論付けることができる．

こうした長所はあるものの，RCTには欠点もある．RCTを批判する人々は，RCTが臨床現場の実践で一般的に見られる複雑な事例とは異なる，簡単で単純な事例しか扱っていないと主張する．また，RCTでは，同じフォーミュレーションや診断を示されたクライアントは等しく，同じ介入法に同じように反応することが暗に仮定されている．しかし，実際には，2つのグループでたった1つ（心理療法の種類）しか違いがないということは滅多にない．たとえば，同じ介入法を適用したとしても，異なる心理職が全く同じように実践を行うわけではない．また，同一の心理職であっても，各セッションでひとりひとりのクライアントに完全に同じように対応することもないのである．

3）質的研究法の意義

おそらく，これらの疑問を解決する最善の方法は，実際にはすべての心理学研究が不完全なものであると受け入れることでしょう．各研究手法には，それぞれ様々な賛否の意見があります．結局，たとえどのような研究手法であろうとも，それが明らかにしているのは真実のほんの一部に過ぎないということになります．

ひとりのクライアントが来談したとします．このクライアントに対して，ある特定の心理療法，介入手法，心理職が役立つのか否かを，100％確実に予測することは決してできません．したがって，私たちは，クライアントを最も効果的に支援する方法に関する研究

知見を組み合わせ，そうした情報をまとめて，有効な介入を組み立てていかなければなりません．それは，パズルのピースを創造的に完成させることに全力を尽くすことに似ています．そういった意味で質的研究は，大規模な RCT などの量的研究計画と同じぐらいに，臨床心理学に情報を提供する可能性があります．

Box22　質的分析の利用とは？

簡潔に述べるならば，量的研究は数値や統計を使う研究法であるのに対して，質的研究は事例の描写や一定の**ナラティブ**（narrative, 語り）[68]を活用する研究法である．

フロイトは，19 世紀後半に精神分析学という人間の心理に関する理論を確立した．その際，フロイトは，理論的な論文を執筆しただけでなく，自らの論拠を示すために数々の質的事例研究，クライアントについての描写，クライアントとの会話，セラピストとしての彼自身の体験に関する記録を執筆した．当時，これらの研究手法は，非常に影響が大きかった．しかし，その後，学問としての心理学は科学であろうとして，このような研究手法をバイアスがかかった信頼性に欠けるものとみなしてほとんど排除してきた．

その代わりに，統計やデータの数値解析を用いる量的研究が，多くの社会科学同様，臨床心理学においても優勢になった．近年，質的研究は，非科学的なもの，説得力が弱いもの，あまり雑誌に掲載されないものとみなされている．"本物の"（つまり量的な）研究者からは，若干眉をひそめられるものとさえなっている．質的研究を批判する人々は，質的研究はバイアスの影響や信頼性の欠如，少数の人にしか当てはまらないといった危険があると主張する．その結果，公的なガイドラインでは，質的研究の成果ではなく，大規模 RCT のような量的研究から得られた知

---

68) 言語によって語られる行為や，語られた内容そのものを指す．

見を重視している.

しかし,質的研究には,量的研究とは異なる利点がある.それは,当該研究テーマを深く探求することができること,クライアントの主観的体験についてより詳細に,より微妙なニュアンスを含んだ説明ができることである.量的研究の知見として報告される一連の図表よりも,質的研究で得られる知見のほうが実用的であり,現実場面で生じている相互作用に即していると主張する臨床心理職もいる.その結果,実践者の中には,質的研究論文が量的研究論文よりも明快であり,クライアントへの臨床実践に適用しやすいと感じる人もいる.

また,臨床実践においては,個人的な意味や経験,対人関係,文化的多様性といった複雑な事象を探っていくことが求められる.質的研究法は,このような複雑な事象を探っていくのにより適した方法であるとみなす人もいる.さらに,稀な事例や疾患の理解を構築する助けにもなると考える臨床心理職もいる.

5 臨床的有効性の要因に関する議論

1) 支援に役立つ技法に関する見方

ここまで,内省的であること,科学的であることに関する様々な議論を確認してきました.これまで紹介してきた議論の他にも,臨床実践を通して提起されてきている重要な論点があります.それは,クライアントに実践を行う際に,私たち臨床心理職は次の2つのどちらに焦点を当てるべきかということです.1つは,特定の技法を提供することです.もう1つは,希望,優しさ,傾聴スキルなど,異なる技法間に共通する一般的支援要因を重視することです.

この点と関連して,臨床心理学的介入は効果的であるとわかっていても,それがなぜ効果的なのか正確にはまだわかっていないこと

もあります．たとえば，数多くの研究において，臨床心理職とクライアントの間の良好な関係が，良好な介入効果に関連していると示されています．これは，異なる介入法において，共通して有効な成果をもたらす一般要因とみなされています．しかし，良好な関係が良好な介入結果をもたらすのでしょうか．あるいはその逆で，良好な介入結果があるから良好な関係が形成されると見ることもできます．良好な関係とは，技法の成果なのでしょうか．あるいは優れた傾聴スキルをもつ専門職から丁寧に語りを聴いてもらうことの成果なのでしょうか．

また，支援に役立つ一般要因があるということは，タイプが異なる心理療法であっても面接場面で実際に起きていることにさほど違いはないということなのでしょうか．心理療法のタイプの違いは，単に名称が異なっているという"ラベル"の違いだけなのでしょうか．役立つ要因が共通しているということであるならば，心理療法のタイプの違いは，成果に至るプロセスの違いということなのでしょうか．しかし，プロセスの違いということであるにしても，成果が同じであるならば，結局のところプロセスはどうであってもよいということになってしまいます．

このような論点に対する意見は様々です．たとえば，認知療法の実践者は，改善を示すのは考え方に認知的な変化を起こすクライアントであり，その結果としてクライアントと臨床心理職の関係が強くなると主張します．その他のタイプの実践者，たとえば心理力動学派のセラピストの中には，良好なクライアント―セラピスト関係によって，クライアントは認知的な変化を起こすことができるのだと主張する人が多くいます．

面接場面において介入効果に関連する要因がすべて生じているとして，その場で"クライアントとの関係"と"介入効果"に関連する要素と，そうでない要素とを切り分け，関連する要因のみの因果を検討することは，至難の業です．したがって，クライアントとの関係と介入効果の関連性を証明するのは不可能とも言えます．おそらく実際のところ，答えは，様々な要因が相互に関連しあう複雑な事態になっているのだと思われます．

2）エビデンスについての見方

臨床心理学においては，まだまだ結論が出ていないテーマや課題は多くあります．しかし，時間の経過を経て解明されてきた知見もあります．たとえば，心理的介入の効果に必ず関与している事柄についての知見があります．それは，特定の介入技法でも技法間で共通した一般要因でもありません．多くの研究のエビデンスから得られた知見は，二者択一ではなく，両者の組み合わせが重要であるとの結論でした．つまり，研究成果として，一般的な支援要因（期待感をもつこと，変化に関する肯定的期待，話を聴いてもらっていること，事態の新しい理解に至ること，コミュニケーションの幅を広げること）と，心理学理論から生じた特定の介入技法（たとえば，ソクラテス式問答法，行動実験，家族の構造の変容，繰り返される対人関係パターンへの洞察：第7講参照のこと）が組み合わさって心理療法が機能しているということが示されているのです．

臨床心理職とクライアントが協働関係を形成することが実践を効果的にする要因であることは誰もが認めるところです．協働関係の形成は，課題や目標に関する合意を得ること，適切な情緒的つなが

りをもつことに関連しています.ただし,協働関係の形成のような様々な心理療法に共通する一般的要因を提供できていれば,それだけで効果的介入ができるというものでもありません.一般的要因に加えて,技法的要因が必要となります.

しかし,そこで,特定の介入プロトコルに盲目的に従って技法を適用することが求められるわけではありません.クライアントは,自分が抱える問題に関する,明確でわかりやすい説明を期待し,必要としています.そして,その説明や理論的解釈がクライアント自身の世界観に一致しているときに,クライアントにとって最も効果的な結果をもたらすことになります.

どの理論においても,人々の変化を促す言葉,方略,イメージが提示されます.臨床心理職に不可欠な技術(art)とは,どの言葉,方略,イメージが,どのような場合に,どのような人に対して有効かを理解し,それを適切に実行する手続きを習得していることです.臨床心理職は,臨床現場においてこのような技術を駆使して,直感的に実践活動を展開しています.技法,エビデンス,理論は,そのような直感的な実践に根拠を与えるものです.そして,それらの技法,エビデンス,理論が,臨床心理職にとっての科学(science)を構成するものとなっています.なお,特定の技法の重要性をめぐる議論は,各国における専門職の訓練やインターンシップの違いにも表れています(Box23参照).

Box23　特定の技法の訓練か一般スキルの訓練か

　臨床心理学の学生／研修生は,ある1つの心理療法モデルを徹底して学ばなければならないと主張する人がいる.彼らは,他のモデル,方法

論, 技法との統合を試みるのは, 1つのモデルをしっかりと習得した後の作業であると指摘する. これは, 学生／研修生が自信をもてるようになるまで特定の心理療法のマニュアルと技法を用いて, 同一の問題をもったクライアントを対象として集中的に訓練を積むことを意味する. たとえば, 米国では, 特定の心理療法モデルやクライアント集団を選択して, 経験を積んでいく. しかし, 1つのモデル／アプローチを知悉しているだけならば, そのモデル／アプローチ以外の方法が適しているクライアントに対しても, その方法を適用してしまう危険性が生じる.

そのため, ある特定のモデルやクライアントのタイプに焦点を当てるのではなく, 様々な臨床実践を経験し, 様々な場面に応用可能な, 一般的介入技能を習得することが重要であると主張する人もいる. たとえば英国では, 研修生は, インターンの場として様々なクライアントがいる多様なサービス機関に割り当てられる. その結果, 汎化可能な技能を習得し, 多様なサービス, 問題, クライアント, 働き方に関する経験を積むことができる. しかし, そのような研修生を"器用貧乏"とみなす向きもある.

本講では, 前半で臨床心理学の知見として合意されていることを確認しました. そして, 後半では意見が分かれている論点を検討してきました. 確かに臨床心理学の領域では, まだまだ結論が出ていないテーマも多くあります.

しかし, 私たちは, このことを悪いことだとは思っていません. 見方が対立しているからこそ, その分野の理論と実践の双方が発展し, 改善していくのです. 実際, そのような議論が, 次講で解説する臨床心理学の今後の発展につながっているのです. 臨床心理学は, 人々の健康や幸福に向けての実践活動と科学的研究をバランスよく統合し, さらなる発展に向けての探求を進めています.

第 11 講　臨床心理学の最前線（2）

第 11 講のまとめ

- 臨床心理職がどれほど内省的であるべきか，自分自身が個人療法を受けなければならないかについては議論がある．個人療法を受けるべきという意見には，個人的な対人関係パターンを再現しないように自分自身を理解するため，セルフケアの一環とするため，自分自身が心理実践のもつ潜在的利益の妥当性を確信する機会とするため，というものがある．一方で，クライエントへの介入結果に直接ポジティブな効果があるという確実なエビデンスがない，非常に個人的なものを研修の必修項目にすることは難しいといった反対意見がある．
- 臨床心理職の科学者としての態度について議論がなされている．科学的にエビデンスを示し，それに基づいて実践を行うことが重視されている．しかし，科学者が目指す普遍的な知見を個人に適用することの難しさや，すぐれた研究の実行に伴う複雑さ，研究を行うことによる時間的，金銭的不利益などにより，実際には内省的科学者―実践者であることは困難と言える．
- 心理学の研究手法のそれぞれに賛否があり，すべての心理学研究が完全なものではないことを受け入れるべきだと言える．また，臨床心理職はクライエントを支援するために，研究の知見などの様々な情報を組み合わせて創造的な支援法を考える必要がある．その際に質的研究法は，大規模な RCT と同じくらい臨床心理学に役に立つ．
- 臨床心理職が，特定の技法を提供することに焦点を当てるべきか，傾聴などの一般的支援要因に焦点を当てるべきかについて議論がなされている．しかし，多くのエビデンスは，一般的な支援要因と，心理学理論から生じた特定の介入が組み合わさって機能していることを示している．

第12講 発展する臨床心理学 (1)

1 臨床心理学の国際的発展

1) 臨床心理学の国際的拡がり

ここまで本書を読んできた皆さんは,臨床心理職は具体的に何ができるのかを理解し,臨床心理学がヘルスケアにどれほど貢献しているのかを正しく把握できたことと思います.とはいえ,臨床心理職の活動は,これまで解説してきた内容にとどまるものではありません.

臨床心理学や臨床心理職の役割は,現在も発展し続けています.臨床心理学の領域は,国境を越えて拡大しています.社会において優先される事柄が変化するのにしたがって,専門職のあり方も変化しているのです.臨床心理職のスキルもまた,薬,コミュニケーション,技術,科学の進歩と関連して発展しています.本講と次講では,臨床心理職の活動と研究の広がりを確認し,今後の方向性について考察していきます.

臨床心理学の領域が国境によって制限されることはありません.臨床心理職は主に,ヨーロッパ,米国,オーストラリアなどの西欧文化圏の諸国で活動しています.しかし,アジアやアフリカ,中東でもその数を増やしています.当然,臨床心理職の国際的な働き方には,国による文化や伝統の違いを反映した多くの形があります.

国際学会で共有されたり，世界中からオンラインでアクセスできる学術誌に掲載された研究の知見は，それぞれの地域の状況やニーズにしたがって解釈されたり応用されたりしているのです．

2）臨床心理職の国際貢献

　臨床心理職は，様々な国や文化の人々に影響を与えてきました．たとえば，日本の臨床心理職は，2011年の巨大地震を生き延びた子どもやその家族の生活再建を助け，しっかりと働きかけました．戦争で荒廃したルワンダの臨床心理職は，和解に向けた枠組や，暴力によって深刻な被害を受けた子どもやその家族への支援法を提供しました．コンゴの臨床心理職は，地方の臨床心理職が紛争状態でも活動できるよう力づけ，訓練を行うことに焦点を当てています．一方で，英国の臨床心理職は，ウガンダ，トリニダード・トバゴ，バングラデシュで，臨床心理職の訓練コース設立の支援を行っています．

　ユニセフ（UNICEF），赤十字，世界保健機構（World Health Organization：WHO）といった国際組織に所属し，世界中で活動する臨床心理職もいます．また，リビアやイラク，アフガニスタン，イエメンにおいて，国外任務中の兵士や退役軍人のための軍事プログラムに貢献する臨床心理職もいます．その他の国際的な取り組みの例としては，シエラレオネにおける家庭内暴力を減らすプログラムや，多くの西アフリカ諸国におけるHIV/AIDSを抱えて生きる人々を支援するサービスなどがあります．

　薬物使用者に対する注射針交換プログラムは，臨床心理職が行っている国際的影響力の大きいプログラムの1つです．こうした取り

組みは，B型肝炎の流行に伴って1980年代にオランダで始まり，HIV/AIDSの蔓延を受け世界中で急速に普及していきました．このプログラムは，被害を減らすためのプログラムであると言えます．つまり，薬物乱用は社会の現実であることを認識した上で，HIV/AIDSやB型肝炎等の感染症リスクを減らし，薬物乱用に関わる被害を最小限に抑えることを目的としたプログラムであるということです．注射針交換プログラムは，薬物乱用者が清潔な注射器や注射関連器具（たとえば，清潔なアルコール消毒綿や滅菌水など）を安価で，あるいは無料で利用できるようにしました．同様に，その他多くのプログラムでは，健康教育やカウンセリングを無料で提供しています．

3）臨床心理学の文化的多様性

社会はますますグローバル化し，"臨床心理職"という肩書きは世界中で共有されています．それにもかかわらず，いまだに国によって全く異なる教育法や訓練法がとられているのは，驚くべきことではありません．臨床心理学の訓練基準について，世界的な合意に至るのはまだ先の話なのです．国による保険制度，教育制度，文化，政府の方針，言語的障壁の違いや，臨床心理職がどのように賃金を支払われるのかという違い（公的サービスとして活動するのか，大規模または小規模の民間組織に対して実践を行うのか，主にクライアント個人や家族に対して実践を行うのかということ）に関係した，資格要件や資格試験，法的制約によって，臨床心理職の活動は制限されることが多いのが現状です．

臨床心理職の活動の目的も，国によって大きく異なります．活動

の目的は,自己啓発やセルフケア,予防を一端とし,診断や治療,深刻な精神障害や精神疾患の治療をもう一端とするスペクトラム上に広がっています.

たとえば,アルゼンチンの臨床心理職は伝統的に,自分自身をよりよく理解したい,生活の質を改善したいと考える人々(個人的な成長,達成感を高めるなど,好ましい変化を求める人々)に対して心理支援を行います.最初は"障害"や"疾患"といった正式な診断基準(精神科診断マニュアルのDSM-5(Diagnostic and Statistical Manual of Mental Disorders)[69]やICD-10(International Classification of Diseases)[70]で分類される"不安障害"や"適応障害"といったもの)を満たす問題に対して支援を求める人々も,たいてい症状が十分に寛解した後も心理支援を継続します.心理支援の目的は"回復"という考えに限定されるものではないからです.

対照的に,英国や米国,カナダなどの国々では,多くのクライアントが"疾患"や"障害"とラベル付けされうる問題を呈します.そして,通常はこうした問題が解決したときに,クライアントと臨床心理職との支援関係が終わります.というのは,多くの国々において,臨床的な苦悩の程度が診断基準を十分満たしておらず,"病気"とみなされない限り,心理支援には健康保険等の適用による資

---

69) 日本語版では,Disorderが「精神疾患」と訳され,『精神疾患の分類と診断の手引』となっている.精神障害の分類のための共通言語と標準的な基準を提示するものであり,米国精神医学会によって出版された.
70) 疾病及び関連保健問題の国際統計分類.世界保健機関(WHO)が死因や疾病の国際的な統計基準として公表している分類.2018年6月に最新改訂版としてICD-11が公表された.

金提供がなされないからです．つまり，病気の治療ではなく，個人的成長を求めるクライアントは，心理支援サービスのために資金援助を受ける権利がないわけです．

2　臨床心理職の役割の変容

1）臨床心理職を取り巻く社会状況

世界のグローバル化の進展とともに，臨床心理学における専門職も国のシステムの中でその役割や権限を変えてきています．多くの国々でメンタルヘルスケアに利用できる予算額が大きく変化してきています．その結果，経費を抑えつつ，公平にサービスが受けられるようにする工夫がますます必要となってきます．

以前よりも多くの人々に，その人にとって役立つ心理支援を求めるように促す動きが進んでいます．しかし，その一方で，多くの地域で，博士課程水準の訓練を受けた臨床心理職の数が実際には不足しています．また，メンタルヘルスサービスに利用できる健康保険の総額や公的資金が激減しています．

2）英国における心理支援サービスの転換

英国では，このような状況において，臨床心理職による専門的心理支援に代わる安価なメンタルヘルスケアを提供するサービスが増えてきています．これらの代替サービスのレベルには，ピンからキリまで多様なものがあります．心理職として訓練を受けた看護師やカウンセラーが，臨床心理職のスーパービジョンを受けながら実施する，ある程度の質が確保されたサービスもあります．しかし，心理職として訓練を受けていないセラピスト集団が代替的に行ってい

るサービスもあります．臨床心理職の有する諸技能を習得していないことは明らかであり，質がよいとは言えません．

このような状況に対して過度に悲観的になる必要はないと言えます．限られた資金の枠内で，多くの人々にサービスを提供するためには，このようなことが起きざるをえないからです．とはいえ，サービスの質が低下しつつあることも事実です．一般的にはヘルスケアの領域において，専門職としての公的資格をもたない人々がサービスの担い手になる方向での，政策の転換が進んでいるのは確かです．たとえば，以前は医師が行っていた多くの業務が，今では看護師によって行われています．以前は看護師が行っていた多くのサービスが，今では准看護師によって行われています．

したがって，少なくとも英国では，臨床心理職が現在行っている実践活動のバランスは，将来的に変化していくだろうと思われます．心理支援サービスにおける臨床心理職の優位性はすでに抜きん出ており，それが変化することはないでしょう．また，臨床心理職の職務から心理療法が消えることもないでしょう．しかし，心理療法の担い手の役割の変化が生じると考えられます．

3）英国における心理支援へのアクセス改善

英国の場合，博士課程修了を前提とし，高度な専門性を有する臨床心理職は，公的資金に基づくメンタルヘルス政策においては重篤な病理や問題を抱えたクライアントに対して，高度な心理療法の実施を担当することになります．それに対して修士課程水準の資格である専門カウンセラー，メンタルヘルスカウンセラー，夫婦療法や家族療法の実践者，さらには限られた訓練しか受けていないボラン

ティアたちが，軽度な問題の心理療法を担うことになります．つまり，軽度で単純な心理支援ですむレベルのクライアントには，カウンセラー等の実践者が対応します．しかし，単純な介入では変化が見られない複雑な問題に対しては，臨床心理職の専門技能を適用することになります．これは，病理や問題のレベルに応じて段階的に対応の専門性を上げていく**ステップドケア**[71]と呼ばれる支援モデルです．

英国のメンタルヘルス施策においては，ステップドケアのモデルに基づいて"**心理支援へのアクセス改善**（Improving Access to Psychological Therapy：IAPT）"[72]が進められています．その結果として，心理支援が日常的に利用しやすくなり，費用対効果が高まるようになってきます．また，専門性の高い臨床心理職は，より複雑な事例に対して実践を行えるようになっています．

このような変化改善は，多くの点において好ましいと言えます．ただし，このシステムでは，問題が深刻ではない事例は修士課程以下のレベルの心理職（あるいはヘルスケア実践者）が担当し，複雑で深刻な問題の事例は臨床心理職が担当する，という棲み分けが生じることになります．このような棲み分けが進むと，臨床心理職の役割が変化してきます．そのため，将来，臨床心理職がどのような

---

71) 最も効果的でありながら，リソースの集中を最小限に抑えた治療が患者に提供されるように，治療を実施するシステム．適切な人が適切なタイミングで適切なサービスを提供する．
72) 英国政府の，心理療法に対する取り組み．このプロジェクトの目標は，プライマリ・ケア機関における，不安および抑うつに対する根拠に基づいた介入計画の推進であり，十分に訓練を受けたメンタルヘルスの専門職育成プログラム策定も含まれている．

役割を担うのかについては，未確定な状態にあります．

4) 臨床心理職の発展の方向性

臨床心理職は，内省的科学者—実践者モデルに基づき，専門性の高い心理支援実践だけでなく研究も重視する専門職です．このような専門性を考慮するならば，将来の臨床心理職の役割も自ずと明確になってくるはずです．

臨床心理職は，単なるセラピストではありません．なぜなら臨床心理職は，スーパーバイザー，コンサルタント，臨床技能の指導者，評価者として，また臨床チームや研究チームのリーダー，臨床機関や研究機関のリーダーとしても実践を行っているからです．人々の心理的幸福を改善するために考えられる実践方法は数多くあります．

そこで，本講の残りの部分と次講では，臨床心理職の活動が将来に向けて発展する有望な方向性について概説します．

3 組織的な活動とリーダーシップ

現在では，ヘルスケア組織に所属する臨床心理職の多くは，クライアントに対する心理支援を行うだけではありません．その組織のスタッフの幸福感を向上させたり，スタッフ同士が協働するのによりよい方法を構築したりするために，スタッフ支援のための実践を行うようになっています．スタッフ支援の面接セッションを行っている臨床心理職もいます．このセッションは，苦痛を感じているスタッフが，情緒的な負担を抱えながらもクライアントに支援を提供し続けることをサポートするために設けられたものです．より効果的な労働環境を整えるために多職種チームと協働して活動する臨床

第 12 講 発展する臨床心理学 (1)

心理職もいます (Box24 参照).

Box24　同僚をサポートし, チームをサポートするということ

　臨床心理職のデイヴィッドの仕事は, 脳損傷患者の部門で働く同僚たちを支援することであった. 脳損傷患者は, 他の患者や患者をケアしているスタッフに対し, 暴力的になったり罵倒したりすることが時々あった. 多くのスタッフはこの問題に対処する方法を身につけていた.

　しかし, 新人の看護師見習いであるポーラは, 若い男性患者が高齢患者を殴ったエピソードに特に動揺した. そして, 自分の訓練にマイナスな影響を及ぼすことになるのにもかかわらず, 脳損傷患者部門での研修を早々に切り上げて, 他の部門に異動することを求めた.

　デイヴィッドは, ポーラのために時間を割き, 面接セッションをもった. その面接においてポーラは, その殴られた高齢者が家族からもかなり不当に扱われており, その事実は最近亡くなった自分の祖父を強く想起させたことを打ち明けた. デイヴィッドは, ポーラの不安や心配を丁寧に聴くことを通して, その高齢者が実際に家族から不当な仕打ちを受けているかは不明で, 彼女がそう思い込んでいたことを確認した.

　ポーラは, デイヴィッドの心理支援を受けて, 最終的に脳損傷患者の部門で仕事を続けることを決めた. そこで, デイヴィッドは, 新人が職場で不安になっている状況を施設の運営責任者に説明し, より定期的なスーパービジョン会議をスタッフチーム全体に対して行うことを提案し, 実現した.

*

　サラは, 児童福祉の現場でヘルスケアを担当する少人数チームの臨床心理職スタッフであった. チームの役割は, 虐待を受け, トラウマで傷つきやすくなっている子どもたちにケアを提供することだった. 対応が難しい事例への対処に関して地元メディアから攻撃を受けることも時々あった. そのためチームは強いストレス状況下で活動していた.

　サラは, 働き始めて, 同僚間の協力関係が適切に形成されておらず,

体調を崩すスタッフが続出していることに気づいた．スタッフは，チームを信頼できないために，会議に出席しなくなっていった．チーム内に派閥が生まれ，コミュニケーションは崩壊していった．当然ながら，子どもたちへのサービスは悪化していた．

サラはチームリーダーとして，チーム自体が機能していないことを指摘し，チームのあり方を見直すためのチーム会議を開くことにした．会議では，チームの目標，課題の優先順位，構造に関して大きな混乱があることが明らかになった．そこでサラはさらに複数の会議を設定し，効果的なチームを作る方法に関する研究を参照して，スタッフチームが目的や目標，構造，業務規定に合意し，働き方を改善できるようにしていった．その結果，子どもたちやその家族に対するケアが改善された．

チームリーダーやサービス責任者として働いている臨床心理職は，他者の実践をサポートし，強化することが自分たちの役割であると考えています．主に臨床的な指導を行っている臨床心理職は，同僚がクライアントへの心理的介入に関して内省したり，改善したりするのを支援しています．一方，組織運営を行っている臨床心理職は，運営方針，組織の発展，資源の配分に関連する取り組みを担当しています．

4　さらなる責任を引き受けること──薬の処方──

1）心理療法と薬物療法の組み合わせ

英国をはじめとして欧米では，心理療法の価値が理解されてきています．しかし，それでもなお，薬物療法は，世界中で最も広く普及している，心理的苦痛に対する治療法となっています．臨床心理職に相談するクライアントの多くが，心理的苦痛を低減するために薬も服用しています．薬が心理的危機や辛い感情を和らげ，メンタ

ルヘルス問題を抱えるクライアントの多くを助けること，また薬によって人々が日常生活の機能を保つことができることは疑いようのない事実です．

クライアントは，しばしば薬による副作用（感情の麻痺など，心理療法をより困難にするものを含む）を経験することがあります．しかし，状況によっては薬のおかげで心理療法を上手に利用できるようになることもあります．こうした理由から，多くの臨床心理職は，医学的治療と心理的介入を組み合わせることが，多くのクライアントにとって有効な選択肢であると考えています．

多くの場合，心理療法と薬物療法の組み合わせが役立つことは明白な事柄です．しかし，心理療法の提供者と薬物療法の提供者が適切に連携し，利用者にとって役立つサービス環境となっているかというと，そうではありません．むしろ，両者の協調は乏しいことがあります．そのような場合，クライアントは臨床心理職との予約と精神科医との予約といったように複数の予約を取らなければならず，余計な出費や時間をかけることになります．また，多くの精神科医は過密なスケジュールで働いているために，症状のアセスメントに集中し，クライアントとの短いやりとりのみから結論を出さなければいけないこともしばしばあります．そのため，時間をかけて心理面接をする臨床心理職と見方が異なることも生じます．クライアントが複数の専門職と関わることは，正反対のアドバイスを受ける可能性があるという点で，混乱を招きうることでもあるのです．

2）臨床心理職の処方権をめぐる議論

このような状況から，臨床心理職が"（薬物の）処方権"をもつ

ことが必要であるとの議論が生じてきました．米国では，臨床心理職の処方権を求める社会的運動を経て，公衆衛生改善策において，特別な訓練を受けた臨床心理職に処方権が認められました．その結果，米国のいくつかの州では，そのための法律が制定されてきました（2002年にニューメキシコ州，2004年にルイジアナ州，2014年にイリノイ州）．その法律によって，数年間にわたる訓練やスーパービジョンを受けた臨床心理職による，精神障害や情緒障害を治療するための向精神薬の処方が可能となりました．これらの州の臨床心理職は，精神科医としての責任もいくらか担っているのです．

　このような臨床心理職の権限の進展には，賛否両論があります．処方権は，臨床心理学の実践活動や，場合によってはクライアントにも害を及ぼすと考える臨床心理職がいます．それに対して，薬の処方という選択肢が与えられることで，臨床心理職の実践の幅が有意義に広がると考える臨床心理職もいます．議論は複雑です．

　その一方で，精神科医が薬を処方する能力を最も備えているのは疑いようのないことです．精神科医は，脳や身体の働きについて専門的教育と訓練を受け，様々な精神科の薬についての効用や副作用に精通しています．臨床心理職はこれらの知識はほとんどもっていないでしょう．

　また，臨床心理職が薬を処方できるようになったとすると，臨床心理職とクライアントの関係を本質的に変えることになるかもしれません．臨床心理職が心理療法を担当するだけであれば，クライアントが抱く感情は共感され，理解されるものでした．それに比較して臨床心理職が処方権をもった場合には，クライアントの感情は間違っている，あるいは悪いものであり，薬物によって取り除くべき

もの，という暗黙のメッセージをクライアントに与えることになるかもしれないのです．

　他方，臨床心理職は，クライアントのことやクライアントを取り巻く環境を最もよく理解している専門職です．そして，薬が有効な時期や服用をやめるべき時期を最も敏感に判断することができます．特に都会化されておらず資源の乏しい地域においては，クライアントは精神科医の診察を受ける機会や方法がほとんど，あるいは全くないという場合があります．そのような場合は，定期的に接触できる唯一の人物が臨床心理職ということになります．そのような地域では，内科医や精神科医のもつ薬の処方権を臨床心理職が引き受けることが，他のメンタルヘルス治療の機会をもてない人々を支援する重要な方法になりうるのです．

　このような臨床心理学の発展が今後も続くのかどうか，成功を収めるのかどうかは，時間の経過を待たなければならないと言えます．

第12講のまとめ

- 臨床心理職は世界中で増えており，臨床心理学の知見はそれぞれの地域の状況やニーズにしたがって応用されている．
- 臨床心理職は様々な国において，災害や戦争，紛争被害を受けた人への支援を行ったり，国際組織に所属したりして，世界中で活躍している．
- "臨床心理職"の肩書きは国際的に共有される一方，いまだに国によって全く異なる教育法や訓練法がとられており，海外での活動はその地域の法的制約などで制限されることが多い．
- 臨床心理職の活動における焦点や目的とするものは，予防から治療まで，国によって大きく異なる．多くの国では，"病気の治療"とみなされない限り，保険等の資金援助を受けられないが，本来，心理支援の目的は"回復"という考えに限定されるものではない．
- メンタルヘルスケアへの限られた予算状況から，専門職の公的資格をもたない人が代替的に実践を行う安価なサービスが増加している．
- 英国では，ステップドケアと呼ばれる支援モデルに基づいた"心理支援へのアクセス改善"が推進されている．
- 内省的科学者―実践者モデルに基づいて，臨床心理職は臨床だけでなく研究においても専門活動を行っていく．
- ヘルスケア組織に所属する臨床心理職の多くが，クライエントに対する心理支援だけでなくスタッフ支援のための実践も行うようになっている．
- 医学的療法と心理療法の組み合わせが有効であることが明らかである場合でも，それらの連携においてサービスの実践者同士の協調が乏しいことがある．このことは臨床心理職が薬の「処方権」をもつ必要性につながるが，この権限の進展には賛否両論がある．

第13講 発展する臨床心理学 (2)

1 臨床健康心理学の拡がり

メンタルヘルスの専門活動において成長している分野として,**臨床健康心理学** (clinical health psychology)[73] があります.これは,臨床心理学の原理や実践を,身体的なヘルスケアの現場に応用するものです.

先進国における1年間の国民総生産に対するヘルスケア費の比率を考えると,臨床健康心理学という分野が役立つ機会は,ほとんど無限にあるように思われます.実際に,身体的問題に対してヘルスケアを提供する総合病院やクリニックに雇用される臨床心理職が,ここ10年間で徐々に増えてきています.現代では,身体的・精神的健康のあらゆる側面に心理的要因が大きな影響を与えていると認識されています.そのため,医学部や大学保健センターでも,臨床心理職の雇用が増加してきています.

認知科学を心理学的介入に活用することも行われています.障害のある人や脳損傷の人に対するコンピュータによるリハビリテーションプログラムなど,疾患をもつ人への様々な新しい方法が開発され,

---

73) 健康と疾病における行動,感情,認知,社会および生物学的要素の相互関係に関する科学的知識を,健康の促進と維持,病気や障害の予防,治療,リハビリ,医療制度の改善に適用していく学問.

実践されています．外科的処置や医療的処置の発展とともに，心理学への理解が深まっていることもあります．その結果，臨床心理職が臓器移植患者の評価や心理支援など，外科治療と関連して重要な役割を果たすようになってきています．たとえば，「この患者は手術を受けるのに適した心理状態か」「この患者はドナー臓器を受け入れる情緒的負担に対処できるか」「この患者は治療的条件を守ることができるか」といった事柄に関する評価を，臨床心理職が担当することになります．

この他，臨床健康心理職の担う役割として次のようなものがあります．それらは，患者が麻酔に耐えられない時に外科チームに加わる，患者や家族が遺伝子検査の決断をするのを支援する，脳卒中患者に記憶補助を身につけさせる，等々です．出産前後期の両親や新生児に対するサービス（不妊や中絶，妊娠，産後うつに関する問題への取り組み）の発展も注目に値し，今後より拡大していくと思われます（臨床例はBox25参照）．

Box25　出産前後期サービスにおける心理職

マリアとエドウィンは，悲しいことに生後4カ月の息子ジョセフを乳児期突然死症候群（sudden infant death syndrome：SIDS）で亡くした．息子を失った当初，マリアは何もできなくなってしまった．慰めようもないほどに泣き，彼女の2歳の双子であるキムとジェニファーを含め，誰ともほとんどやりとりをしなくなった．その間，エドウィンは，男性は強くあるべきという社会的なプレッシャーを感じ，悲しみを脇へ押しやり，家族を養うことに集中した．そして，妻に対してベッドから出て家族の生活に戻るように説得した．

自宅を訪問した臨床心理職の支援を得て，マリアはジョセフのいない

生活についてゆっくり考え始めた．マリアは，家族にとっての男の子を産むことの重要性や，信仰から生じる罪の感覚について話した．ジョセフは亡くなってしまったけれども，マリアは彼の記憶を留め，彼に家族の一員であり続けてほしいと願っていた．数カ月にわたって臨床心理職はマリアと個別に話をした．それとは別に，エドウィン，キムとジェニファーとも話をした．マリアとエドウィンは，喪失体験から1年経った頃，家族写真を見ながら3歳の双子が理解できるように，なぜ弟は亡くなったのか説明した．ジョセフが亡くなったのと同じ日に，キムとジェニファーを連れてお墓を訪ね，ジョセフについて話し合った．

マリアは，自分自身や家族が喪失体験に対処するのに役立つ情報や支援を積極的に調べ，活用するようになった．マリアとエドウィンは，子どもに先立たれた親が利用できる資源として，乳児期突然死症候群の家族支援グループに参加した．それを通して悲しみの体験による孤独感が和らいだ．

マリアは今でも苦しみ，人生の予測不可能さを不安に感じることがある．しかし，自分が助けを必要としている時には人に助けを求め，自分にとって最も重要な人々との関係を大切にしようと努めている．

2　予防と公衆衛生

すべての臨床心理職が，相談機関や病院において，個別のクライアントを対象とした実践をしているというわけではありません．近年，臨床心理職は，社会システムを対象とした改革にも取り組んでいます．

たとえば，学校でのいじめやドメスティック・バイオレンスを減らすための政策の立案など，コミュニティ全体に影響を与えるプログラムの作成をしています．また，依存症治療のための効果的プロトコル開発，現行の介入プログラムの実施方略の発展，インターネ

ットを用いた心理支援サービス開発などにも関わっています．第6講で示したように，じっくりと時間をかけて介入方法や社会制度（学校や社会政策）の改善に取り組むことで，個別の心理療法と同様にクライアントに貢献することができます．

臨床心理職は，教育訓練課程において，研究を含む多様な技能を習得し，メンタルヘルスサービスにおいて様々な役割を担っています．このような現状を考慮するならば，臨床心理職という専門職は，コミュニティに重要な影響を与えるのに適した立場にいると見ることができます．また，福祉の供給やコミュニティの幸福感に構造的な変化をもたらすことによって，予防活動においても重要な機能を担っているとも言えます．

コミュニティにおける臨床心理学は，メンタルヘルスに関するその時代の政策や経済状況から非常に強い影響を受けており，それは今後も変わらないでしょう．社会的状況というのはある意味，一人ひとりの専門職の力が及ぶ範囲を超えたものです．

しかし，臨床心理学の学問分野全体としては，社会的・経済的状況と心理的苦悩には明らかな関連があることを認めています．緊縮経済や失業，劣悪な住宅環境によって生じる心理的苦悩の本質が解明されたわけではありませんが，近年，政治学者や経済学者たちは，政策の目標として積極的に幸福感をテーマにするようになってきています．セルフケアや援助要請，レジリエンス構築のための介入は，人々が厳しい社会環境を乗り越える助けとなりうるでしょう．このことが臨床心理学という分野の将来にとって，重要な道であることは疑いようがありません．

3 研究活動の拡がり

1) 効果研究とサービスの費用対効果

どのようなヘルスケアの活動であっても，自らが提供しているサービスが効果的であるのかを評価し，クライアントへの支援をどのように改善するのがベストなのかを理解している必要があります．

これは当然のことです．もし，あなたや私が何らかの支援を受けることになったとしたら，私たちはその支援が役立つ可能性があるのかを知るために，自分と同じ問題をもつ人々に対する支援効果に関する研究情報を得たいと思うでしょう．特に，それが初めての経験であるとしたら，なおさらサービスの効果について知りたいと思うのは当然です．

臨床心理学は数十年にわたって，質の高い効果研究を行い，心理的介入の効果や効率を評価するという極めて重要な役割を担ってきました．このようにして，サービスは向上し，コストは削減され，介入プロトコルの開発が進みました．その結果，より多くの人が，有効性が実証された心理支援の方法を利用できるようになったのです．こうした研究を担う役割は，次の数十年のうちにもより重要になっていくと思われます．なぜなら，サービスに資金提供を行う人々（米国におけるマネージメントケアや英国における NHS：第6講参照）が，サービスの費用対効果が高いという証拠を求める傾向が強くなっているためです．

また，心理職はこれまでより複雑で精巧な研究手法を用いるようになるでしょう．たとえば，コマ送りの撮影技術を使うことで，脳損傷患者がコミュニケーションを取ろうとする時に何が起こるのか

検討する方法や，脳画像を使って様々な治療的介入の影響を測定する手法などです．

2）心理学研究の発展

心理学研究において，他の関連分野の知識や知見を取り入れるようになってきていることは間違いありません．脳機能についての知識が確立し発展してきている現在，特に心理療法研究と神経科学の融合によって研究が進展する可能性があります．遺伝学も中心的な役割を担うようになるでしょう．

さらに，コンピュータを活用した研究法によって，メンタルヘルス問題の要因となっている基本的な心理プロセスに関しては，より詳細な研究が可能となります．また，人は他者とどのようにコミュニケーションをし，どのように人間関係を形成していくのかに関しても，コンピュータを活用することで新たな可能性が開かれるでしょう．

私たちは，臨床研究が今後より専門的なものになっていくだろうと考えています．たとえば，介入効果に結びつくクライアントと臨床心理職の性格が解明されたならば，その成果を考慮したクライアントと介入法のマッチング研究は，より専門的なものとなっていくでしょう．今後の研究においては，どのような性格のクライアントにはどのような介入法が役立つのかを判断する変数も見出されていくことと思われます．

4　科学技術の利用

1) ICT 技術の活用

　他の領域でも同様ですが，臨床心理学の領域にも科学技術が入り込んできています．科学技術の発展によって，オンラインでの研究参加者の募集や，オンラインでの検査，心理療法，スーパービジョンなど，新しい種類や形式のアセスメントや介入が可能になっています．

　近年における革新の例として，物語形式のビデオゲームが挙げられます．このゲームは，コミュニケーションに問題を抱える自閉症の子どもたちにやる気を起こさせ，現実のように感じられる経験を提供してくれます．このようなゲームは，子どもたちの社会スキルを発達させ，日々の相互交流を改善していく助けとなります．

　その他にも，社会恐怖症の人々の心理支援に，バーチャルリアリティのシナリオを導入する例もあります．これらのシナリオは，不安を喚起する特定の社会状況（発表をする，買い物に行くなど）に人々を曝露するように考案されています．クライアントは，臨床心理職に見守られながら，アバターを使って自由に音声対話を行います．臨床心理職は，相互交流や体験の中でアバターに起きる出来事だけでなく，アバターの目線や対話スタイルをコントロールすることによって，アバターの反応をクライアントに合わせようとします．

　また，バーチャルリアリティの技術によって，以前は作り出すことが難しかった（または費用が高かった），たとえば飛行機といった状況を利用することができるようになります．飛行機恐怖に直面するために，実際の飛行機に乗るのではなく，ただヘッドセットと

ヘッドフォンを装着して，その経験をシミュレーションすればよいのです．そうすることで，費用を抑えながら，心理支援を受けられる人の数を増やすことができます．

2）オンライン心理支援サービス

臨床心理学の中でおそらく最も科学技術が適用されているのは，心理療法を提供する場面においてでしょう．フロイトの時代では，週に数回，分析家の相談室で長椅子に寝て分析を受けるというのが一般的でした．しかし，近年では人々はSkype（スカイプ），メンタルヘルスアプリ，オンラインによる個別の心理プログラムを通して心理支援を利用することができるようになりました．ほとんどの場合，クライアントとの面接は対面で行いますが，緊急時にはSkypeや電話でのセッションを利用するという臨床心理職もいます（Box26参照）．一方，面接室すらもたず，すべてのクライアントとオンラインで面接を行う臨床心理職もいます．

著者たちの同僚は次のように述べていました．「身体障害をもつ人々が私のもとへ面接に訪れやすくなるように，実践をこのような形で計画した．Skypeを使うと，クライアントは自宅で安心して過ごすことができるし，出かける心配や私の面接室まで来ることに関する物理的な問題を心配する必要もない」．

Box26　Skypeによるマヤの心理療法

マヤは，地理的な必要性から，インターネット面接というアプローチをとることになった．それまでマヤは，長期間，臨床心理職のサイモンに心理面接を受けていた．そのサイモンが遠く離れた街に引っ越すこと

になった．それを知ったマヤは，自分が暮らす小さな町で担当の臨床心理職を新たに探すことにとても不安を感じた．なぜなら，その町の人なら，マヤが以前付き合っていた有名人の恋人のことをほぼ確実に知っているからである．そのため，サイモンはマヤに，数百マイル離れた彼の新しいオフィスからのSkypeセッションを提案した．マヤは喜んでそれを試すことにした．

　その他の科学技術の発展に，携帯機器で利用できる様々なメンタルヘルスアプリがあります．たとえば，Joyable, Sleepio, Happify, SuperBetter, PTSD coach, CodeBlue, TalkSpace, PersonalZenなどがあります．メンタルヘルスアプリの利点は，コストの低さや利用しやすさだけではありません．病院や相談機関への来談を知られることによるスティグマ（偏見）を受けにくく，より多くの人により多くのサービスを提供できることです．

　このような理由から，一部の臨床心理職は，メンタルヘルスアプリの活用を積極的に歓迎しています．たとえば，深刻なメンタルヘルスの問題を抱えているために面接室での心理支援を受けることができない，あるいは受けたくないといったクライアントには役立ちます．コミュニケーション手段として携帯機器のような科学技術を使いこなすことに慣れている若者や青年においては，特に有効です．また，このようなアプリは，面接と面接の間の期間における支援に利用することもできます．おそらく面接（必要な場合は薬）と併用することで，最も効果を発揮するでしょう．

　ただし，こうした"偽物の"心理療法（図5参照）に懐疑的な臨床心理職もいます．彼／彼女らは，それらはメンタルヘルスに対する間違った，その場しのぎのアプローチだと言います．そういった

図5 科学技術を使ってコミュニケーションをとる

アプローチでは,人々には根拠のほとんどない,即席的な安心が保障されているだけだというのです.

　効果への疑問に加えて,オンラインサービスは,支援関係,倫理,守秘義務,資格についての疑問も提起しています.とはいえ,様々な意見があるにしろ,今後オンラインセラピーや遠隔医療は科学技術の進展に伴って拡大していくでしょう.

第 13 講　発展する臨床心理学 (2)

5　ソーシャルメディアの利用

1) 一般市民との情報共有

　心理職は研究をしたり，先行研究をレビューしたりすることに関しては教育訓練されています．しかし，得られた知見を他の専門職，クライアント，クライアントの家族，一般市民にどのように伝えるべきかについての教育訓練は受けていません．さらに，たいていの臨床心理職は，個人の話を聴いたり個人に対応することに比較して，マスメディアと連携したりブログを書いたりすることはあまり得意ではありません．

　とはいえ，ソーシャルメディアは一般市民と心理学研究を共有したり，臨床サービスを周知したりするための最善の方法となってきています．そのため，ソーシャルメディアを積極的に利用する臨床心理職が現れてきています．その方法は，ツイートであったりSNSによる近況報告であったり，YouTube の動画であったりします．この先どんなに精巧な新技術が現れてこようとも，オンラインにおいて影響力をもち続けたい人々にとって必要なことは，うまくコミュニケーションをとれるようになること，そして専門用語を使わずに簡潔にわかりやすく伝えることができるようになることです．

　たとえば，米国の臨床心理職であるコルムズ博士 (Dr. Kolmes) は，職業的な Twitter アカウントをうまく利用しています．彼女はまず，ソーシャルメディア倫理に関するブログを立ち上げ，自身の投稿やメンタルヘルス関連の情報をシェアしました．次に，もともとはオンラインでの心理療法実践を紹介するために考案したソーシャルメディアの方策を配信し，それを Twitter でも拡散しまし

た．するとすぐに，その分野に関して助言を求めている世界中のメンタルヘルス専門職の注目を得ました．数年のうちに，コルムズ博士はソーシャルメディア倫理に関する講演者として引く手あまたの存在となり，彼女の Twitter（@drkkolmes）のフォロワーは8万6500人となりました．コルムズ博士は，利用者による心理セラピストのレビューサイトの設立という野心的な事業を開始しました．そして，その事業についての記事をニューヨーク・タイムズ紙に投稿し，頻繁にメディアの情報源となっています．

2）潜在的クライアント群との接点

ソーシャルメディアの利用によって，潜在的なクライアント群に接触することが可能となります．たとえば，若者だけでなく，男性や，あまり心理学への関心がない人々です．また，ソーシャルメディアを利用することで，私たちはメンタルヘルスやその介入に関する偏見に少しずつ取り組むことができるようになってきています．それによって，心理支援を要請することで得られる利益により広く気づいてもらうことが可能となります．米国の臨床心理職の中には，注目を引くブログを発信したり，人気ウェブサイトに投稿したりすることで，心理療法や心理支援についてわかりやすく説明しようとしている人たちがいます．

インターネットを最大限に利用してきた有名な心理学研究者に，ブレネー・ブラウン（Brene Brown）がいます．彼女は脆弱性，恥，度胸，信頼感といった体験について研究してきました．そして，YouTube で視聴可能な TEDtalks を通じて研究知見を伝えてきました．"脆弱性"に関する彼女の TEDxHouston Talk は，600万回

以上視聴されています.

6 臨床心理学のさらなる発展に向けて

1) 変化発展し続ける臨床心理学

臨床心理学は短期間で大きな発展を遂げてきました.本書によって,臨床心理学がどのように発展してきたのかについて知っていただけたでしょうか.近年では,個人だけでなく,より広い社会に対してどのような貢献をしているのかを知り,将来の可能性について考えるところにまで,理解を広げていただけたらと思っています.

臨床心理学に固有の強みは,批判的思考の利用,柔軟な問題解決技法の活用,様々な方法論に基づく研究技能です.臨床心理職が活動するありとあらゆる場所から,臨床心理職の柔軟性が浮かびあがってきます.実際に臨床心理職は名前を挙げることのできるあらゆる産業(保健衛生,芸能,教育,宇宙開発,警察,通信)において雇用されており,70年前には誰も想像できなかったほどの多様な地位に就いています.

臨床心理学は本質的に,進化発展していく特徴をもっています.なぜなら,臨床心理学では,心理的現象や心理的問題のアセスメントや介入に関する理解を深めるために,研究や科学的な手法を継続的に用いているからです.この継続的発展性は,最先端の医学や神経科学との関係に現れています.現代医学や神経科学は,人間の脳そのものについて,さらに思考や行動と脳との関連について新たな発見を見出し続けています.

臨床心理学は今後,医学,遺伝学,社会学,疫学などの学問分野の方法や知見を統合しながら進化していくことになります.その結

果，臨床心理学が心身相関についての見解を洗練させながら発展を続けることは間違いありません．

このように発展している臨床心理学です．だからこそ，臨床心理職の役割の一部を他の専門職が引き受けるようになってきています．また，ソーシャルメディアや新たな科学技術を通して示される研究知見や機会に順応していくことも必要となっています．このような現代的な変化に対して，気おくれしてしまう臨床心理職もいます．しかし，今日世界が抱えている主要な問題のリストを作ってみると，必然的に導き出される結論が1つあります．それは，人々の困難の大部分が心理的要素を含んでいるということです．

2) 新たな社会的問題に対処する臨床心理学

20世紀初頭では，肺炎，結核，インフルエンザなどのウイルス性疾患や細菌性疾患が主な死因でした．それが，現在では世界各地において癌，心臓疾患，うつ病，脳卒中に取って代わられています．これらはすべて，喫煙，不健全な食習慣，運動不足，ストレスなど，行動的要因や心理的要因が大きな影響を与える疾患です．

同様に，今日の世界における重要な社会問題の中には，心理学に強い影響を受ける事柄が多くあります．たとえば，不平等，国内紛争，人間関係での葛藤，不健全な養育，離婚，依存症，教育の機能不全，犯罪，人種差別，肥満，労働者のストレスや不満，孤独感，虐待，環境汚染，環境資源の乱用などです．

これらの社会的問題の解決策を発展させ，それを実施する際に重要な役割を果たすのは，心理学の科学と実践を担う臨床心理学です．臨床心理学は，単に人々の私的で親密な関係や個別の経験に関わる

だけではありません．現代社会は，多様な問題に直面し，解決策を発展させることが差し迫った課題となっています．そのような社会的課題に適切に対応するために，様々な知見や技能の特徴を独自に兼ね備えているのが，臨床心理学なのです．

このように，個人支援とともに社会貢献に関わる臨床心理職には，将来の発展に向けて"行うべき課題"と"行わなければならない課題"があります．内省的科学者—実践者として教育訓練を受けている臨床心理職は，このような課題がどのようなものであり，どのように解決したらよいのかを難なく理解できるでしょう．そして，問題に"注意"を向け，問題理解のために"思考"し，現実に"関与"し，問題解決に向けての"行動"を起こすことを日々続けています．私たち著者は，このような臨床心理職が社会にその有効性を認められ，さらに一層の活用をされることを大いに期待しています．

第13講のまとめ

- 臨床健康心理学の成長に伴い，身体的な問題を扱う場面でも臨床心理職の活躍が増加している．
- 近年，臨床心理職は社会システムを対象とした改革にも取り組んでいる．コミュニティに対する貢献は，臨床心理学の将来にとって疑いなく重要な道である．
- ヘルスケアサービスに関して高い費用対効果を求める傾向が強まるにつれ，臨床心理学においての心理的介入の効果研究では，新技術や他の関連分野の知識や知見を取り入れるようになってきている．臨床研究はより専門的なものになっていくだろう．
- 科学技術の適用により，臨床心理学においても新しい種類や形式のアセスメントや介入が可能になっている．
- アプリやオンラインでの心理療法の効果，支援関係や倫理，守秘義務，資格について疑問の声もあるが，オンラインセラピーや遠隔医療は今後拡大していくだろう．
- 臨床心理職がソーシャルメディアを利用することで，研究知見や臨床サービスを一般市民に周知し，潜在的なクライアント群に接触することが可能となる．
- 臨床心理学の強みは，批判的思考の利用，柔軟な問題解決技法，様々な方法論に基づく研究技能であり，短期間で大きな発展を遂げてきた．臨床心理学は，継続的発展性をもって，他学問分野の方法や知見を統合しながら進化していく．
- 今日世界が抱える主要な困難の大部分には心理的要素が含まれており，心理学の科学と実践を担う臨床心理学は，それらの社会的課題に適切に対応するための様々な知見や技能の特徴を独自に兼ね備えている．
- 個人支援とともに社会貢献に関わる臨床心理職が，内省的科学者—実践者として将来の発展に向けての課題を理解し，問題に対する注意，思考，関与，行動を継続的にしていくことで，社会にその有効性を認められ，活用されることを期待する．

訳者あとがき

　最初に本書を翻訳する至った経緯について簡単に紹介します．著者のひとりの Susan Llewelyn は，オックスフォード大学の臨床心理学コースの元教授です．私は，彼女がオックスフォード大学の教授になった頃に知り合い，お互いの研究室に客員スタッフとして数カ月滞在するなど交流を深めてきました．2015 年に私がオックスフォードを訪れた際に，彼女は私を書店の"簡潔な入門書シリーズ"のコーナーに案内し，「今このシリーズの 1 冊として臨床心理学の入門書を書いている」と教えてくれました．それが本書の原著でした．

　原著が出版された 2017 年に，日本では公認心理師法が施行となりました．彼女には，日本の臨床心理学の現状を伝えてありましたので，心理職が国家資格されたことを共有し，本書の翻訳が日本の臨床心理学の発展に貢献できることをとても喜んでいました．訳出にあたって，章の構成を工夫し，各章に要約を付けることの許可を依頼したところ，快く了承してくれました．

　本書の訳出にあたっては，2017 年度に下山研究室の博士課程に在籍していた藤尾未由希さん（現在，東京大学大学院・臨床心理学コース・特任専任講師）に，まず下訳をお願いしました．次に，2018 年度の研究室修士課程 1 年のメンバー（石川千春・井上薫・遠藤凌河・三枝弘幸・佐野真莉奈・髙堰仁美・谷真美華・柳百合

子）で，下訳を参考にして本書の輪読会をしました．

　本書の輪読会は，臨床心理学を本格的に学び始めたばかりの修士課程1年生にとって臨床心理職の専門性を理解するのによい機会となりました．それとともに日本の現状とは異なる面も多かったので，日本の読者の観点を前提として，わかりやすく翻訳をし直す必要性が明らかになりました．また，初心の読者の便を考えて各講義の要約と用語解説（注）が必要となることも見えてきました．

　そこで，輪読会での議論を踏まえ，初心の読者の読みやすさを考慮して，章構成の変更も含めて私が翻訳を新たにすることとしました．下訳を参考にしつつも，全面的な改稿をしました．また，修士課程1年のメンバーの協力を得て各講義の要約と用語解説を作成しました．

　以上の経過を経て本書の出版となりました．公認心理師が誕生し，新たな活動が始まる時期に出版を間に合わせようと翻訳を急ぎました．そのような翻訳の作業に協力をいただいた皆様に，記して感謝を申し上げます．

　なお，本書の内容をさらに詳しく学びたい方には，下記の書物をお勧めします．
『専門職としての臨床心理士』ジョン・マツィリア，ジョン・ホール（編）下山晴彦（編訳）東京大学出版会，2003年
『臨床心理学をまなぶ1 これからの臨床心理学』下山晴彦（著）東京大学出版会，2010年
『臨床心理学をまなぶ2 実践の基本』下山晴彦（著）東京大学出版会，2014年

索　引

あ行

RCT →ランダム化比較実験, 182
IAPT →心理支援へのアクセス改善
ICT 技術の活用　211
ICD-10　194
愛着　118
アクセプタンス＆コミットメントセラピー　125, 126
アセスメント　82-84, 90, 91
EST →実証的に支持された介入, 178
EBP →エビデンスベイスト・プラクティス, 178
医学モデル　5, 162
異常　16
　──心理学　15, 16
　──体験　57
維持要因　93
医療化　162
インクブロット　88
インターンシップ　143
ACT →アクセプタンス＆コミットメントセラピー
エビデンス　176, 186
　──ベイスト・アプローチ　28, 29
　──ベイスト・プラクティス　24, 175, 177
オンライン心理支援　212

か行

ガイドライン　180
介入　91, 95
回避　108, 126
カウンセラー　21
カウンセリング　136
科学者―実践者　27, 178, 179
学習能力障害　68
学習理論　106
学術心理学　18
家族　71, 78, 121, 122
家族療法　71, 121
過度の一般化　111
考え込み　125
がん患者　73
関係者の支援　48
間接的実践　36
記憶障害　66
器質的な障害　66
技能　81, 105
機能性の障害　66
機能分析　69
共感性疲労　154, 155, 158
協働　186, 198
恐怖症　108
苦悩　54
クライアント　5
刑事司法制度　59
傾聴　98
結果の伝達　90

研究　100, 101, 177, 178
　　——デザイン　181
現出要因　93
幻聴　58
効果評価　99
行動実験　115, 116
行動変容　106
行動マネジメント技法　69
行動療法　107-109
行動論モデル　106
公認心理師　1
高齢者　63-66
国民健康サービス　97
心の健康　11
心の働きとその影響　166
個人開業　38, 39
個人心理療法　96
子ども時代　45
個別性　179
コンサルテーション　101
コンピテンシー　81, 105

さ行

サービス責任者　200
作業仮説　92
査定　82
CBT　→認知行動療法
シェイピング　107
自我同一性　120
思考の誤り　112
自己理解　52
思春期　45
システム論モデル　120
実証的に支持された介入　175
質的研究　180, 182-184
社会的問題　163, 164

尺度　15
集団心理療法　96
主訴　84
守秘義務　85, 86
生涯発達　44
条件づけ　106
情報処理　14, 110, 112
初回面接　83, 84
職責　32
触法精神障害者の指定医療機関　59, 60
処方権　201, 202
白黒思考　111
神経心理アセスメント　75
神経心理学的介入　74
神経的障害　71
身体的病気　71
診断　91
心的外傷後ストレス障害　60
信頼性　87
心理学　13-15
心理学的介入　86
心理検査　86
心理支援　9, 12, 43, 57, 73, 81, 169
　　——へのアクセス改善　196, 197
心理専門職試験　144
心理要因　72
心理力動療法　93
心理力動論モデル　117
心理療法　98, 136
　　——と薬物療法の組み合わせ　200, 201
　　訓練としての——　172
心理療法士　21
スーパーバイザー　33
スーパービジョン　32, 33, 101, 102,

147, 148
スキーマ　111, 112
ステップドケア　97, 197
精神科医　21
成人期　50
精神疾患　56, 57
精神遅滞　68
精神病　47
精神分析家　22
青年期　50
生物―心理―社会モデル　72
摂食障害　47, 54
セラピスト　136
セルフケア　157
全般性不安　54
素因　93
双極性障害　56
喪失経験　63
ソーシャルメディアの利用　215
ソクラテス式問答法　114, 115
組織運営　37

た行

大学院プログラム　138, 140
多職種チーム　39, 47, 101, 198
他職種との連携・協働　35
妥当性　87
段階的介入　97
小さな家族集団　88
チェックリスト　87
知的障害　67-70
注意義務　86
調査　100
DSM-5　194
定型的発達移行　44
テストバッテリー　89

転移　119
投影法検査　88
統合失調症　56
統合的モデル　122
トークンエコノミー法　107
トラウマ　59, 60, 82, 83, 154, 155, 157
　――的な出来事　82

な行

内省的　30, 31, 147, 171
内省的科学者―実践者　1, 28, 30, 32, 92, 147
ナラティブ　183
人間中心主義　3
認知　110
認知科学　205
認知行動療法　46, 97, 114, 117
認知行動療法家　22
認知処理　89
認知心理学　20
認知分析療法　127, 128
認知療法　112, 113
認知論モデル　110
脳損傷　74, 75

は行

パーソナリティ　85
パーソナリティ障害　56
バーンアウト　156-158
バイアス　88
発達障害　48
発達段階　43
破滅的思考　111
パラノイア　57
反芻　125
PTSD症状　61

秘密保持　6
評価　99
費用対効果　209
5Pモデル　93
フォーミュレーション　24, 91-93, 95
普遍性　180
ペアレント・トレーニング　46
米国退役軍人省　60
防衛機制　118
包括的サービス　39
報酬　107
亡命希望者　59
ホームワーク　117
保護要因　93

ま行

マインドフルネス認知療法　124, 125
マニュアル化　182
マネジメント　102
メンタライゼーション　167
メンタルヘルス専門職　21
メンタルヘルス問題　11, 12, 53, 56, 60, 65, 87, 121, 165
モニタリング　32, 85
物語　95

や行

薬物療法　74, 200
誘発要因　93
ユニット　39
養育過程　45
予防　207, 208

ら行

ランダム化比較実験　181
リーダーシップ　102, 198
リスク評価　86
リハビリテーション　74, 76
リファー　39, 86
量的研究　183, 184
理論モデル　105
臨床健康心理学　205
臨床心理学　2, 3, 18, 161, 165, 175, 181, 217, 218
　——の国際的拡がり　191
　——の文化的多様性　193
臨床心理士　1
臨床心理職　1, 2, 9, 14, 18-21, 23, 28, 30, 39, 44, 73, 81, 85, 86, 95, 105-107, 114, 135-137, 140, 161, 162, 172, 173, 192, 196, 198
　——にとっての科学　187
　——の教育訓練　10, 13, 138
　——の苦難と成長　152
　——の支援　168
　——の仕事　133, 158, 159
　——の心理的負担　150
　——の責任　34
　——の役割　163, 164
　——を選ぶ理由　133
臨床心理職博士課程　139
臨床的有効性　184
倫理綱領　33
レジリエンス　74
レスパイトケア　67

著者紹介

スーザン・レウェリン（Susan Llewelyn）
オックスフォード大学ハリス・マンチェスター・カレッジ名誉教授

ケイティ・アフェス-ヴァン・ドーン（Katie Aafjes-van Doorn）
サンフランシスコ市・心理サービス課

編訳者紹介

下山晴彦（しもやま・はるひこ）
東京大学大学院教育学研究科臨床心理学コース教授
主著：『公認心理師技法ガイド』（編集主幹，文光堂，2019 年），『公認心理師のための「発達障害」講義』（監修，北大路書房，2018 年），『臨床心理フロンティアシリーズ　認知行動療法入門』（シリーズ編集・共著，講談社，2017 年），『公認心理師必携　精神医療・臨床心理の知識と技法』（共編，医学書院，2016 年）ほか多数．

臨床心理学入門

2019 年 3 月 25 日　初　版

［検印廃止］

著　者　スーザン・レウェリン
　　　　ケイティ・アフェス-ヴァン・ドーン

編訳者　下山晴彦

発行所　一般財団法人　東京大学出版会

代表者　吉見俊哉

153-0041 東京都目黒区駒場 4-5-29
http://www.utp.or.jp/
電話 03-6407-1069　Fax 03-6407-1991
振替 00160-6-59964

印刷所　株式会社三陽社
製本所　牧製本印刷株式会社

Ⓒ 2019 Haruhiko Shimoyama
ISBN 978-4-13-012115-6　Printed in Japan

JCOPY〈出版者著作権管理機構　委託出版物〉
本書の無断複写は著作権法上での例外を除き禁じられています．複写される場合は，そのつど事前に，出版者著作権管理機構（電話 03-5244-5088，FAX 03-5244-5089, e-mail: info@jcopy.or.jp）の許諾を得てください．

時代の要求に即応した決定版入門シリーズ
臨床心理学をまなぶ [全7巻]
下山晴彦 編集 ●A5判・平均300頁・各巻2400〜2900円

[シリーズの特色]
- 学部生からまなべる入門テキスト
- 第一人者がまる一冊を書き下ろし
- イラストや実践を視野に入れた事例を多用し，親しみやすい語り口で解説
- 生物—心理—社会モデル，エビデンスベイスト・アプローチ，他分野との連携と専門性の問題など，これからの時代を見すえたテーマを扱い，現場で働く人のまなび直しにも有効

❶これからの臨床心理学　下山晴彦
❷実践の基本　下山晴彦
❸アセスメントから介入へ　松見淳子　[未刊]
❹統合的介入法　平木典子
❺コミュニティ・アプローチ　高畠克子
❻質的研究法　能智正博
❼量的研究法　南風原朝和

ここに表示された価格は本体価格です．ご購入の際は消費税が加算されますのでご了承ください．